Meine geheime Hexenküche

Für meinen Wolf ...

Meine geheime Hexenküche

Brigitte Bulard-Cordeau

Aus dem Französischen von
Barbara Holle

Gerstenberg Verlag

Solange ich in der Stadt bin, wird selbstverständlich nicht gehext! Ich bin Chefredakteurin einer Tierzeitschrift, Mitglied der Vereinigung Journalistes-écrivains pour la nature et l'écologie (JNE), habe rund 40 Bücher für Kinder und Erwachsene veröffentlicht, die in mehrere Sprachen übersetzt wurden, und heiße **Brigitte Bulard-Cordeau,** genannt BBC. Meine Lieblingsthemen? Katzen, Wölfe, Bienen, Dinosaurier, Bäume – und natürlich Hexen und ihre Schwarze Kunst. Abrakadabra! Wie der Zufall es will, heiße ich nämlich auch Marguerite – wie die Hexen von einst. Nun aber los an die Hexenkessel!

Vorwort

Dieses Zauberbuch wurde im hintersten Winkel eines Dachbodens in einem Überseekoffer entdeckt. Es ist ein altes Buch mit altertümlichen Verzierungen.

Das feste, unverwüstliche Papier, die vergilbten Photografien, die ausgebleichte Tinte, die Schrift – all dies spiegelt den Lauf der Jahre und der Jahreszeiten wider: die Zeit der Blüten, die Zeit der Früchte, die Zeit des Kräutersammelns und die Zeit des Einkochens. Dies alles hat bis heute nichts von seinem Zauber verloren. Heute wie damals finden wir die Zutaten direkt vor unserer Haustür: in den Wäldern, den Hecken und natürlich in unseren Gärten. Überall auf der Welt, in welcher Klimazone auch immer, hält die Natur Früchte bereit, die Körper und Geist erquicken und uns den Stoff für allerlei Phantasien liefern. Und genau das ist das Geheimnis der Hexen.

Damit die Rezepte ihre Zauberwirkung tatsächlich entfalten, kommt es zunächst auf die sorgfältige Auswahl der Zutaten an. Sodann gilt es, hier eine Prise von dem, dort ein paar Tropfen vom jenem hinzuzufügen, um die richtige Mischung zu finden. Nun heißt es, zu rühren, sich in Geduld zu fassen und alles langsam köcheln zu lassen – und dabei stets Kessel und Uhr im Auge zu behalten. Ist das Ganze dann fertig, müssen Sie noch die richtige Zauberformel finden, um es geschwind auf ansprechende Weise zu servieren. Sie wissen ja: Der erste Eindruck zählt. Den Gesprächsstoff für eine anregende, geistreiche Unterhaltung bekommen Sie übrigens mitgeliefert, denn dieses Zauberbuch enthält eine Vielzahl interessanter Informationen rund um die verschiedenen Zutaten.

Wie heißt es doch so schön: Liebe geht durch den Magen. Es ist also gar nicht nötig, um den heißen Brei herumzureden – oder in diesem Fall: um den Kessel zu tanzen – wenn Sie Ihren Gast bezirzen wollen. Dafür sorgt schon die Kombination aus verführerischen Gerichten und der besonderen Atmosphäre, in der sie eingenommen werden. 100 Hexenrezepte – das sind 100 Möglichkeiten, den Mann zu bezaubern, der vielleicht gar nicht ahnt, dass Sie ihn zum Fressen gern haben!

Inhalt

❧ 1 ❧

Vom Sammeln der Kräuter

Für das Gelingen der Zauberrezepte ist die sorgsame Auswahl der Zutaten wichtig. Das Sammeln von Pilzen, Blüten, Pflanzen und Früchten auf Feldern und Wiesen oder am Wegesrand und der Algen, Muscheln und Weichtiere bei Ebbe am Strand erfordert Geduld und die richtige Wahl. Doch Vorsicht: Einige dieser Geschenke der Natur bergen Gefahren. Mit ihren leuchtenden Farben und ansprechenden Formen sehen sie zum Anbeißen aus und können dennoch eine tödliche Wirkung entfalten. Deshalb ist es so wichtig, die verschiedenen Pflanzen oder Pilze voneinander unterscheiden zu können. Allerdings kommt es auch vor, dass nur bestimmte Teile einer Pflanze ungenießbar oder gar gesundheitsschädlich sind. Schon immer waren es die Hexen, die die Geheimnisse der Natur entschlüsselten. Sie wussten, dass man Pflanzen nur zu bestimmten Jahreszeiten – zumeist während der Blüte – und zu bestimmten Tageszeiten – für Hexen war der Morgentau wertvoll wie eine Perle – pflücken sollte, weil sie nur dann ihre besondere Wirkung entfalten. Ihre Aufgabe als Hexenlehrling besteht also darin, zu suchen, zu erkennen, zu wählen und auszusortieren, bevor Sie pflücken und mitnehmen, was vor Ihrer Haustür wächst.

Zauberpflanzen

Schon seit langem machen die Menschen sich Hexenkräuter und Pflanzen, die halluzinogene Substanzen enthalten, zunutze. Einige dieser Pflanzen stehen heute unter Naturschutz. Zwar besitzen sie tatsächlich eine heilende Wirkung, doch sind sie vielfach auch giftig. Ob die Pflanzen Gutes oder Schlechtes bewirken, hängt davon ab, ob man sie richtig einsetzt.

Geschützte Pflanzen

Die Mehrzahl der Hexenkräuter steht unter Naturschutz und darf daher nicht gepflückt werden, so der Blaue Eisenhut, der Echte Eibisch, das Gewöhnliche Katzenpfötchen, der Gelbe Fingerhut, bestimmte Nieswurzarten, die Eibe, die Hauswurz und sämtliche Primelarten. Allerdings kann es vorkommen, dass diese Pflanzen in einer Region oder einem Land geschützt sind, andernorts aber gepflückt werden dürfen.

Hexenkräuter

Der Volksmund kennt für viele Heilkräuter bildhafte Namen,
die von Region zu Region variieren können.

Volkstümlicher Name	Botanischer Name	Deutscher Name
Gänsekraut	*Artemisia vulgaris*	Gewöhnlicher Beifuß
Heil der Welt	*Geum urbanum*	Echte Nelkenwurz
Katzenkraut	*Valeriana officinalis*	Echter Baldrian
Tausendlöcherlkraut	*Hypericum perforatum*	Echtes Johanniskraut
Feuerwurzel	*Tamus communis*	Gemeine Schmer(z)wurz
Teufelsstrick	*Clematis vitalba*	Gemeine Waldrebe
Stinksalat	*Lactuca virosa*	Giftlattich
Lauchhederich	*Alliaria petiolata*	Gewöhnliche Knoblauchsrauke
Wurmkraut	*Tanacetum vulgare*	Rainfarn
Warzenkraut	*Chelidonium majus*	Schöllkraut
Hexenkraut	*Hyoscyamus niger*	Schwarzes Bilsenkraut
Grabkraut	*Artemisia absinthium*	Wermutkraut
Heiligengeistwurzel	*Angelica sylvestris*	Wald-Engelwurz

Hexenkraut

Das Große Hexenkraut (*Circaea lutetiana*) ist eine krautige Pflanze aus der Familie
der Nachtkerzengewächse (*Onagraceae*), die von Juli bis August kleine weiße
oder rosafarbene Blüten trägt.

Die richtige Erntezeit

Will man die Blätter und Stängel verwenden, sollten die Pflanzen jung und frisch sein.
Wurzeln werden abends vor der Blüte geerntet oder aber im Herbst, wenn sich die ganze
Kraft wieder in der Wurzel sammelt. Zu welcher Jahreszeit man Pflanzen pflückt,
hängt vom Rezept ab: Die ersten Blätter von Löwenzahn oder Brennnessel eignen
sich für Salate, die großen, harten und trockenen Brennnesselblätter im Herbst
dagegen für Tees. Im Allgemeinen wird empfohlen, die Pflanzen bei klarem, trockenem
Wetter zu ernten, nachdem der Tau verdunstet ist. Eine Ausnahme bilden solche
Pflanzen, die ätherische Öle enthalten, wie Minze, Thymian, Rosmarin ... Diese
sollten vor dem Mittag gepflückt werden. Blüten werden gepflückt, sobald sie sich
geöffnet haben. Seltener, so zum Beispiel beim Salbei, pflückt man bereits die
Knospen. Zwiebel- und Knollenpflanzen sammelt man, nachdem die Blätter abgefallen
sind. Blüten sollten für den Transport in einen Korb gelegt und mit einem
Tuch zugedeckt werden; auf keinen Fall dürfen sie gepresst oder gedrückt werden.

❧ 2 ❧
Wildpflanzen in der Küche

Ausgerüstet mit einem Handbuch der Pflanzenkunde lernt man, Pflanzen zu erkennen, bevor man sie erntet. Am Straßenrand wachsende Pflanzen sollten nicht gepflückt werden, da die Flora hier starker Verschmutzung ausgesetzt ist. Das Gleiche gilt für Pflanzen, die in der Nähe von Feldern wachsen, die mit Pestiziden behandelt werden. Nach dem Pflücken werden die Pflanzen in einen Korb gelegt und roh oder gekocht verzehrt, als Gemüse oder Salat gegessen, zu Suppen oder Tees verarbeitet.

Wurzeln

Wurzeln finden häufig in Salaten Verwendung. Wenn man sie zur richtigen Zeit, das heißt im ersten Jahr, erntet, sind sie zart; später werden sie holzig. Nach dem ersten Jahr werden beispielsweise die süß schmeckende Große Klette (*Arctium lappa*), die Kaffeezichorie, das Gewöhnliche Hirtentäschel (*Capsella bursa-pastoris*), der Löwenzahn und der Gemeine Kümmel (*Carum carvi*) ungenießbar. Die Ährige Teufelskralle (*Phyteuma spicatum*) ist zart und knackig, wenn man die Schale entfernt hat, die den pikanten, milchig-kautschukartigen Kern umschließt.

Köstliches Unkraut

Im Garten entfernt man Unkraut sofort, ohne zu bedenken, dass sich daraus zarte Salate zubereiten lassen. So aus dem Weißen Gänsefuß (*Chenopodium album*), einem Gemüse, das man seit 10 000 Jahren schätzt, aus der Brennnessel (*Urtica dioica*), die man erkennt, sobald man sie berührt, aus dem Zurückgekrümmten Fuchsschwanz (*Amaranthus retroflexus*), dessen Blätter viele Vitamine enthalten, aus der Gänsedistel (*Sonchus oleraceus*), einem herrlichen Gemüse, aus dem Spitzwegerich (*Plantago lanceolata*), der zu Salatblättern passt, oder aus Taubnesseln (*Lamium*), die nicht zu der Familie der Brennnesselgewächse (*Urticaceae*) zählen, sondern der Familie der Lippenblütler (*Lamiaceae*) angehören.

Wildgemüse

Die Wilde Möhre (*Daucus carota*) mit ihrer fleischig-süßen Wurzel ist leicht mit dem giftigen Gefleckten Schierling (*Conium maculatum*) zu verwechseln. Man erkennt sie jedoch zweifelsfrei an ihrem Geruch: Drückt man die Frucht, riecht sie nach Birnen. Von der Steckrübe (*Brassica napus*) werden in der Küche nur die Wurzeln verwendet. Fenchel (*Foeniculum vulgare*) schätzt man wegen seiner jungen Triebe, die man unter Salate mischt. Beim Gemeinen Spargel (*Asparagus officinalis*) isst man ebenfalls nur die jungen Triebe, die in der Mitte der blattartigen Zweige sitzen. Die Blätter des Bergsauerampfers (*Rumex arifolius*) sind weniger sauer als die des Wiesensauerampfers. Den Wiesenbocksbart (*Tragopogon pratensis*) sammelt man von Herbst bis Frühling. Genießbar ist die Pflanze aber nur im ersten Jahr, denn ist ihr Stängel erst vollständig entwickelt, wird er holzig. Die Wurzel dieses Wildgemüses ist zart und süß, und die Blütenknospen können roh gegessen werden.

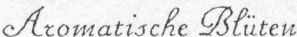

Aromatische Blüten

Die jungen Triebe des Klatschmohns (*Papaver rhoeas*) schätzt man als Gemüse und Suppeneinlage, die Blütenblätter eignen sich hervorragend zum Garnieren von Salaten und aus den Samenkörnern wird ein Öl gewonnen, das nach Haselnuss schmeckt. Die jungen Triebe der Margerite (*Leucanthemum vulgare*) schmecken köstlich in einem Salat oder als Gemüse, die Blütenköpfchen können roh gegessen werden und die Blätter eignen sich vorzüglich als Gewürz. Für Salate verwendet man auch die zarten Blätter des Gänseblümchens (*Bellis perennis*). Die Blütenkronen sind eine hübsche Garnitur und lassen sich ausgezeichnet zu Tee verarbeiten. Veilchen (*Viola*) sind reich an Vitamin C und Vitamin A und können zu jeder Jahreszeit gepflückt werden. Die Bachbunge (*Veronica beccabunga*) wird als Salat gegessen; ihr Geschmack erinnert an Kresse.

Saftige Algen

Der Meerfenchel (*Crithmum maritimum*), der auf Felsen und im Sand an Küsten gedeiht, hat fleischige, saftige Blätter, die salzig-süß schmecken und im Aroma an Karotten erinnern. In großen Mengen an Meeresküsten zu finden ist der Queller (*Salicornia*), auch Glasschmalz genannt, dessen junge Blätter vorzüglich als Salat schmecken und den man in manchen Gegenden in Essig einlegt. Die fleischigen Blätter der Salzmelde (*Atriplex halimus*) ergeben ein köstliches Gemüse, das nur kurz gegart werden muss.

Wildfrüchte

Die Schlehen (*Prunus spinosa*), die man von September bis Dezember pflückt, sind sehr bitter und roh ungenießbar, deshalb werden sie mit Honig zu Kompott verarbeitet. Die Walderdbeere (*Fragaria vesca*) ist, genau wie die Heidelbeere (*Vaccinium myrtillus*), ein Leckerbissen für Wanderer. Mispeln (*Mespilus*) sind schmackhaft und weich, sobald sie reif sind. Die Früchte des Roten Holunders (*Sambucus racemosa*) können, roh verzehrt, Erbrechen hervorrufen, gekocht aber zu wunderbaren Saucen verarbeitet werden.

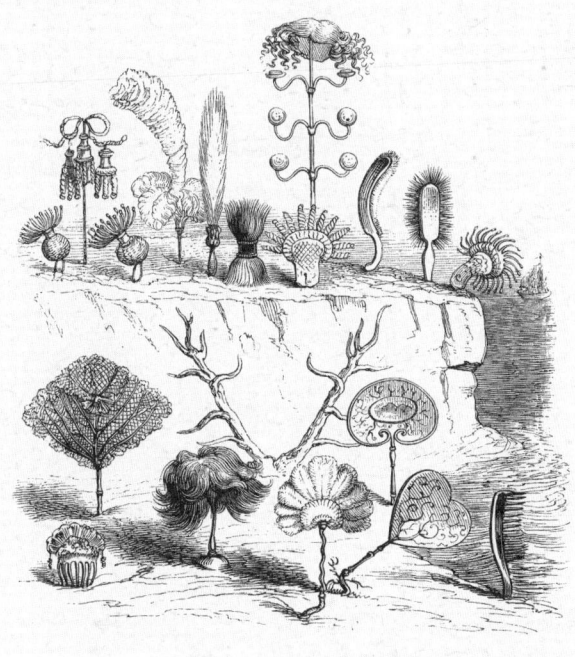

❧ 3 ❧

Giftpflanzen

Sie wachsen auf Abraumhalden oder am Straßenrand und sind von der
Wurzel bis zur Blüte gefährlich. Hier ist Vorsicht geboten, und das umso mehr,
als manche Giftpflanzen leicht mit essbaren Pflanzen zu verwechseln sind.
So wird etwa das Frühlingsadonisröschen oft mit der Schwarzen Nieswurz,
die Hundspetersilie mit dem Kerbel, der Gefleckte Schierling mit dem Koriander
oder die Herbstzeitlose mit dem Krokus verwechselt.

Feld- und Wiesenblumen

Deutscher Name	Botanischer Name	Gefahren
Bunte Kronwicke	*Coronilla varia*	Erbrechen, Krämpfe, Durchfall
Echte Tollkirsche	*Atropa belladonna*	Tod durch Atemlähmung
Europäische Sonnenwende	*Heliotropium europaeum*	Leberschäden
Frühlingsadonisröschen	*Adonis vernalis*	Vergiftung
Gefleckter Schierling	*Conium maculatum*	Tod durch Atemlähmung
Gelbe Narzisse	*Narcissus pseudonarcissus*	Übelkeit, Lähmung, Kollaps
Gelbe Wasserschwertlilie	*Iris pseudacorus*	schwach giftig
Gewöhnliche Eibe*	*Taxus baccata*	in kleinsten Mengen tödlich
Gewöhnlicher Goldregen	*Laburnum anagyroides*	Schüttelfrost, Schwindel, Lähmung
Gifthahnenfuß	*Ranunculus sceleratus*	Schleimhautreizung
Gottesgnadenkraut	*Gratiola officinalis*	Übelkeit, Atemlähmung
Großes Löwenmaul	*Antirrhinum majus*	potenziell gefährlich
Herbstzeitlose	*Colchicum autumnale*	Tod durch Atemlähmung
Hundspetersilie	*Aethusa cynapium*	Übelkeit, Koliken
Jakobs-Greiskraut	*Senecio jacobaea*	Erbrechen
Märzenbecher	*Leucojum vernum*	Erbrechen, Durchfall, Krämpfe
Rotbeerige Zaunrübe	*Bryonia dioica*	Koliken, die zum Tod führen können
Rote Heckenkirsche	*Lonicera xylosteum*	Erbrechen, Fieber, Magenschmerzen
Roter Fingerhut	*Digitalis purpurea*	in kleinsten Mengen tödlich
Schlangenwurz	*Calla palustris*	Lähmung des zentralen Nervensystems
Schneeglöckchen	*Galanthus nivalis*	Erbrechen, Durchfall, Lähmung
Schöllkraut	*Chelidonium majus*	Hautreizung, Erbrechen
Schwarzes Bilsenkraut	*Hyoscyamus niger*	Tod durch Atemlähmung
Sonnenwend-Wolfsmilch	*Euphorbia helioscopia*	Hautreizung, Erbrechen, Erblindung
Weißer Stechapfel	*Datura stramonium*	Tod durch Atemlähmung
Zwergholunder	*Sambucus ebulus*	Erbrechen

Die Liste ist nicht vollständig. NB. Der Stechapfel und das Schwarze Bilsenkraut
wurden in der Hexerei verwendet, um anderen Menschen Schaden zuzufügen.
*Der rote Samenmantel ist genießbar.

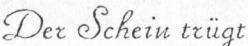

Der Schein trügt

Auch wenn sie keine tödliche Wirkung besitzen, sollte man sich vor dem Verzehr folgender Pflanzen hüten: der Schwalbenwurz (*Vincetoxicum officinale*), des Gelben Lerchensporns (*Corydalis lutea*) und des Rittersporns (*Delphinium consolida*). Im Gebirge sollten einen Alpenkuhschelle (*Pulsatilla alpina*), Trollblume (*Trollius europaeus*) und Ackerschöterich (*Erysimum cheiranthoides*) nur als Zierpflanzen erfreuen. Vorsicht ist auch an der Küste geboten, so bei Strandnarzisse (*Pancratium maritimum*) und Meerzwiebel (*Urginea maritima*). Genannt seien auch folgende ungenießbare Pflanzen aus dem Mittelmeerraum: der Krummstab (*Arisarum vulgare*), die Früchte des Japanischen Gerberstrauchs (*Coriaria myrtifolia*), der Goldlack (*Cheiranthus cheiri*), die Gewöhnliche Kugelblume (*Globularia vulgaris*), die Samen der Gelben Lupine (*Lupinus luteus*), die Früchte der Spritzgurke (*Ecballium elaterium*), die Zwiebel des Dolden-Milchsterns (*Ornithogalum umbellatum*) und alle Teile des Blaugrünen Tabaks (*Nicotiana glauca*). Auch mehr oder minder bekannte Pflanzen wie Anemone, Alpenveilchen, Lorbeerkirsche oder Mistel sollte man nicht in der Küche verwenden, ebenso wenig die Früchte des Salomonssiegels (*Polygonatum odoratum*), der Schneebeere (*Symphoricarpos rivularis*), des Purgier-Kreuzdorns (*Rhamnus cathartica*) und des Stinkstrauchs (*Anagyris foetida*).

Gefährliche Früchte

Zu den Pflanzen, deren Verzehr Schädigungen des Nervensystems, des Verdauungstraktes oder des Herz-Kreislauf-Systems verursachen kann, zählt das Gewöhnliche Pfaffen-hütchen (*Euonymus europaeus*). Das Maiglöckchen, das Kinder gerne ihren Müttern schenken, zählt zu den gefährlichsten Pflanzen, die es gibt. Hochgiftig sind die Früchte von Aronstab (*Arum maculatum*), Vierblättriger Einbeere (*Paris quadrifolia*), Faulbaum (*Rhamnus frangula*), Rotem Hartriegel (*Cornus sanguinea*) und Bittersüßem Nachtschatten (*Solanum dulcamara*). Und auch die Früchte des Ligusters (*Ligustrum vulgare*), des Schneeballs (*Viburnum opulus*), der Stechpalme (*Ilex aquifolium*) und des Efeus (*Hedera helix*) – die man nicht mit den genießbaren Früchten der Gundelrebe (*Glechoma hederacea*) verwechseln sollte – dürfen nicht verzehrt werden!

Früchte der Versuchung

Zu den Giftpflanzen, von deren Schönheit man sich leicht verführen lässt, zählen die Stinkende Nieswurz (*Helleborus foetidus*) und die Gewöhnliche Waldrebe (*Clematis vitalba*), die in Wäldern gedeihen. An Wasserläufen sollte man sich vor dem Verzehr von Safran-rebendolde (*Oenanthe crocata*), Sumpfdotterblume (*Caltha palustris*) und Wasserschierling (*Cicuta virosa*) hüten. Im Mittelmeerraum ist es nicht zu empfehlen, sich von Oleander (*Nerium oleander*), Pfriemenginster (*Spartium junceum*) oder Wunderbaum (*Ricinus communis*) in Versuchung führen zu lassen. Und auch im Gebirge ist Vorsicht geboten bei Schwarzfrüchtigem Christophskraut (*Actaea spicata*), Blauem Eisenhut (*Aconitum napellus*), Seidelbast (*Daphne mezereum*), Rostblättriger Alpenrose (*Rhododendron ferrugineum*), Gewöhnlicher Akelei (*Aquilegia vulgaris*), Weißem Germer (*Veratrum album*), Quirlblättrigem Läusekraut (*Pedicularis verticillata*), Arnika (*Arnica montana*) und Schachblume (*Fritillaria meleagris*).

❧ 4 ❧

Richtig einkaufen ...

Hexenrezepte kann jede und jeder nachkochen, und die Zutaten sind nicht schwer zu beschaffen. Wer keine Zeit findet, sie in Wald und Flur zu sammeln, oder von seinem Ausflug mit leeren Händen zurückkehrt, muss deshalb keineswegs auf die Zubereitung verzichten. Immerhin liegt es ganz im Trend der Zeit, Lebensmittel direkt beim Erzeuger zu erwerben. Und da der Markt für Bioprodukte stetig wächst, hat man inzwischen die Qual der Wahl – so macht Einkaufen Spaß: Man findet nicht nur alles an einem Ort, sondern kommt überdies mit Menschen in Kontakt, die oft über ein unschätzbares Wissen verfügen.

... beim Erzeuger

Aufgrund der steigenden Nachfrage nach Lebensmitteln aus ökologischem Landbau gehen mehr und mehr Erzeuger dazu über, direkt ab Hof zu verkaufen. Als Kunde kann man seine Einkäufe so in aller Ruhe erledigen und hat die Gewähr, qualitativ hochwertige Produkte zu kaufen, die naturschonend angebaut, von Hand geerntet und ohne Zusatz chemischer Stoffe verarbeitet wurden. Darüber hinaus bietet sich so die Gelegenheit zu einem Gespräch mit den Erzeugern, die einem gerne ihre Obst- und Gemüsegärten zeigen, und helfen, das eigene Wissen über Landwirtschaft und Anbaumethoden zu erweitern.

... im Handel

In Kräuter- und Gewürzhandlungen, Naturkostläden und anderen Spezialgeschäften findet man eine reiche Palette an frischen und getrockneten Kräutern, Pilzen, Algen etc. sowie eine große Auswahl an Gewürzen in Form von Körnern oder Pulvern.

... auf dem Markt

Mittlerweile gibt es sowohl auf dem Land als auch in den Städten immer mehr Märkte, auf denen Bioprodukte angeboten werden. Zunehmend findet man diese aber auch in den regulären Supermärkten. In Schweden, Dänemark, England und in der Schweiz werden sogar die meisten Bioprodukte in Supermärkten verkauft. Die USA, Deutschland, Großbritannien und Schweden gehören zu jenen Ländern, in denen Naturkostläden gerade einen regelrechten Boom erleben: Bis zum Jahr 2011 wird mit einer Verdoppelung des Umsatzes gerechnet.

... im Internet

Pflanzen und andere frische Produkte können bei einer wachsenden Zahl von Anbietern auch bequem über das Internet bestellt werden.

❧ 5 ❧
Glossar

Abrakadabra ...!

Ablöschen: Bratgut mit etwas Flüssigkeit begießen, um den Bratensatz zu lösen.

Binden: Eine Flüssigkeit durch Erhitzen und Einrühren eines Bindemittels eindicken.

Blanchieren: Gemüse oder Obst einige Min. in kochendes Wasser geben und anschließend in Eiswasser abschrecken.

Dekokt oder Absud: Wässriger Extrakt aus gekochten Pflanzen(teilen). Hierzu die Pflanze in kaltes Wasser geben, aufkochen und 3–10 Min. kochen. Anschließend die Pflanze 30 Min. im Wasser ziehen lassen und danach durchseihen.

Dünsten: In wenig Fett oder Flüssigkeit bei niedriger Hitze im geschlossenen Topf garen.

Extrakt: Konzentrierter Auszug aus pflanzlichen oder tierischen Substanzen.

Flambieren: Heiße Speisen mit Branntwein übergießen und die aufsteigenden Dämpfe entzünden.

Hacken: Lebensmitteln mit einem scharfen Messer sehr fein zerkleinern.

Infusion oder Aufguss: Auszug, den man durch Übergießen von Pflanzen, Gewürzen oder Kräutern mit heißem oder kochendem Wasser erhält. Anschließend lässt man die Pflanze 10–15 Min. im Wasser ziehen und seiht es danach durch.

Köcheln: Bei niedriger Hitze am Kochen halten.

Marinieren: Lebensmittel längere Zeit in einer Flüssigkeit aus Essig, Wein oder Zitronensaft, Kräutern und Gewürzen einlegen.

Mazerieren: Lebensmittel längere Zeit in einer kalten Flüssigkeit (Essig, Zitronensaft, Wein, Spirituosen) einlegen bzw. ziehen lassen.

Pochieren: Lebensmittel in einer Flüssigkeit unterhalb des Siedepunktes langsam garen.

Reduzieren: Eine Flüssigkeit bei starker Hitze einkochen, um den Geschmack zu verstärken.

Sirup: Dicke, zähflüssige Zuckerlösung, die durch Auflösen von Zucker in Wasser entsteht.

Wasserbad: Mit Wasser gefüllter Behälter, in dem empfindliche Speisen warm gehalten oder erhitzt werden. Hierzu wird das Speisenbehältnis in das Wasserbad gestellt, dessen Wasser nicht kochen darf, um zu verhindern, dass die Speisen anbrennen oder gerinnen.

Zeste: Dünn (z. B. mit einem Zestenreißer) abgeschälte Schale von Zitrusfrüchten.

Kleine Hexenfibel

Beere: Fleischige Frucht mit mehreren Samen, die nicht von einer holzigen Schale umgeben sind.

Blütenkelch: Aus Kelchblättern bestehende Hülle einer Blüte.

Blütenkorb: Blütenstand aus vielen Einzelblüten, die dicht gedrängt an der gestauchten, tellerartig verbreiterten Sprossachse sitzen.

Braktee oder Tragblatt: Häufig sehr dekoratives Blatt, das die Blüte umschließt und den Blüten- und Kelchblättern ähnelt.

Diözisch oder zweihäusig: Diözisch nennt man eine Art, wenn männliche und weibliche Blüten sich nicht auf derselben Pflanze befinden, sondern von verschiedenen Individuen getragen werden.

Dolde: Schirmförmiger Blütenstand, dessen zahlreiche Einzelblüten an der Spitze der Sprossachse ansetzen.

Kelchblätter: Meist grüne oder braune Blütenhüllblätter, die den Kelch einer Blüte bilden und die Blütenknospe schützen.

Kron- oder Blütenblätter: Oft leuchtend bunte, innere Blütenhüllblätter, die zu einer Blumenkrone zusammengefasst sind.

Rhizom oder Wurzelstock: Unterirdisch oder dicht über dem Boden wachsende, nährstoffspeichernde Sprossachse.

Steinfrucht: Fleischige Frucht, deren Same bzw. Samen von einem verholzten Kern (Schale) umgeben sind.

Essige, Öle
❧ und ☙
Würzsaucen

❧ 1 ❧
Kräuteressig
So zügeln Sie sein Verlangen

Auch unsere Vorfahren vermählten sich nicht selten erst in fortgeschrittenem Alter, weshalb unverheiratete Männer lernen mussten, ihr Verlangen zu zügeln. Über die Wirkung dieses Rezepts ist in mittelalterlichen Schriften zu lesen: »Die trockene Kühle des Dills bringt das Feuer der Begierde zum Erlöschen, der kühle Saft der Wasserminze bezwingt die verdorbenen Säfte, der kühle und wenig angenehme Saft des Lungenkrauts nimmt der Verderbtheit ihren Zauber, die tugendhafte Kühle der Illyrischen Schwertlilie zähmt die Freude an der Lust und die giftige Kühle des Knoblauchs bringt das lasterhafte Gift der Lust zum Schwinden.« Wenn Sie also noch etwas Bedenkzeit benötigen, ehe Sie dem Charme Ihres Verehrers erliegen, wird der Verzehr dieses Kräuteressigs ihn dazu bringen, das, wonach er heute trachtet, auf morgen zu verschieben.

Abrakadabra …! ❈ Kräuter grob hacken, in eine Flasche füllen und Essig hinzufügen. ❈ Den Kräuteressig mind. 2 Wochen ziehen lassen.

Zutaten

Für 2 Portionen

1 Handvoll Dill
  (*Anethum graveolens*)
2 Handvoll Wasserminzeblätter
  (*Mentha aquatica*)
3 Handvoll Lungenkraut
  (*Pulmonaria officinalis*)
1 Handvoll Bärlauch
  (*Allium ursinum*)
1 l Weißweinessig

⏱

VORBEREITUNG: 5 Min.
ZIEHZEIT: 2 Wochen

Dill

Reichen Sie den Kräuter-
essig zu Fleisch, Gemüse
oder Vorspeisen. Schließlich
gilt es, das Spiel von Anfang an in ruhige Bahnen
zu lenken …

Kleine Hexenfibel

Trügerische Schönheit:
Hexen fügten diesem Essig
noch die Wurzeln zweier
Schwertlilien zu, prächtigen,
aber ungenießbaren Blumen.

Skurril: Mittelalterliche
Rezepte empfehlen die Verwendung von Kreuzblättriger
Wolfsmilch (*Euphorbia lathyris*)
anstelle des Lungenkrauts –
sie sollte das Verlangen der
Mönche zügeln.

Parfüm: Hexen verwendeten
die Kreuzblättrige Wolfs-
milch auch als Räucherwerk.
Der Schwefelgeruch, den die
Pflanze verströmt, diente
ihnen als betörendes Parfüm.

Wissenswertes rund um … … Kreuzblättrige Wolfsmilch

Die Kreuzblättrige Wolfsmilch
(*Euphorbia lathyris*) ist eine
Pflanze, von der Hexen,
Priester, Wahrsagerinnen und
Schamanen gerne und häufig
Gebrauch machten und die
vor allem zur Herstellung
magischer Salben verwendet
wurde. Auf Anordnung Karls
des Großen begann man
im 9. Jahrhundert mit der
Kultivierung der Pflanze, die
damals den Namen *Lacterida*
trug. Sie diente zur Reinigung
und zum Schutz der Häuser,
aber auch zur Vertreibung
böser Geister. Sie sollte vor
finsteren, unterirdischen
Mächten schützen, da sogar
Maulwürfe flüchten, wenn sie
in ihre Nähe kommen.

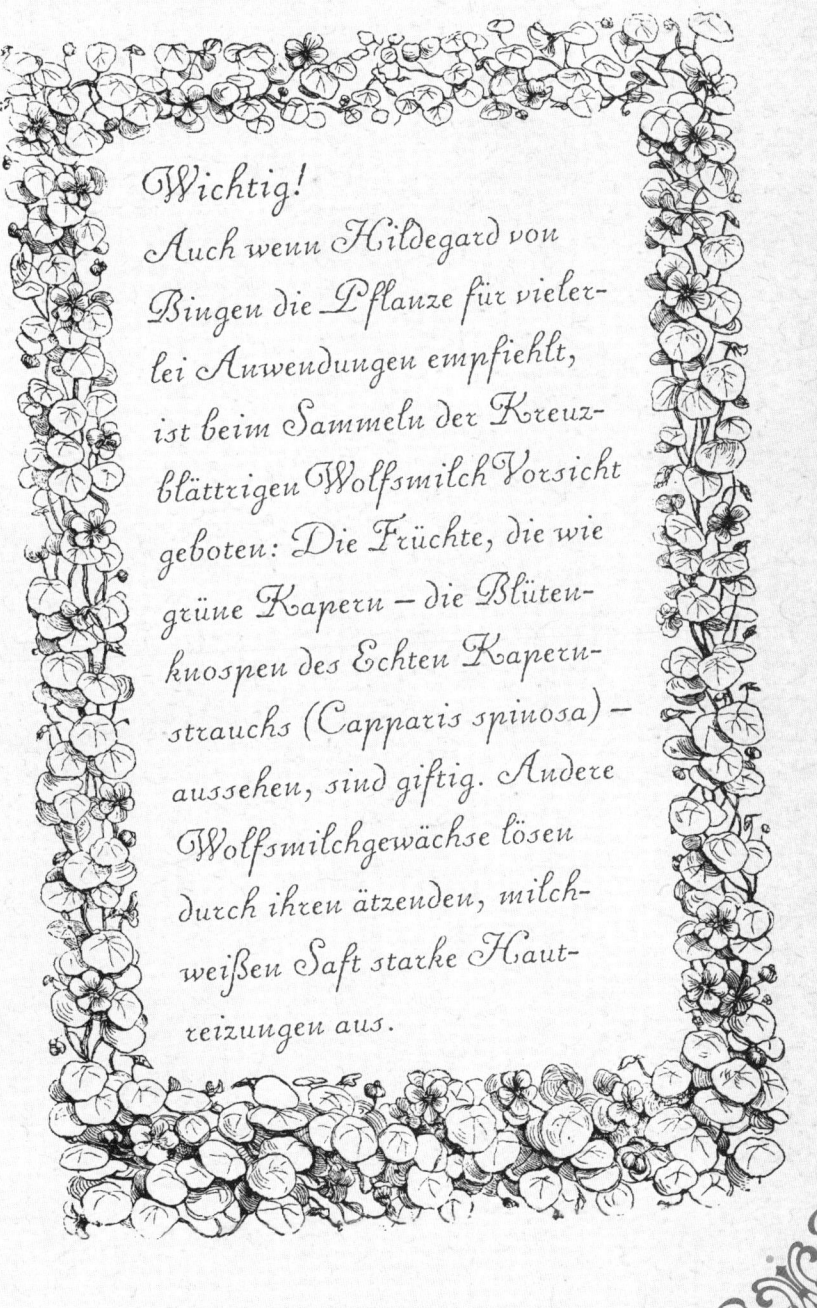

Wichtig!
Auch wenn Hildegard von
Bingen die Pflanze für vieler-
lei Anwendungen empfiehlt,
ist beim Sammeln der Kreuz-
blättrigen Wolfsmilch Vorsicht
geboten: Die Früchte, die wie
grüne Kapern – die Blütenknospen des Echten Kapern-
strauchs (*Capparis spinosa*) –
aussehen, sind giftig. Andere
Wolfsmilchgewächse lösen
durch ihren ätzenden, milchweißen Saft starke Haut-
reizungen aus.

❧ 2 ❧

Hyazinthenblüten-Salat
So geht ihm das Herz vor Freude über

Die in Kleinasien beheimatete Hyazinthe (*Hyacinthus orientalis*) gelangte im
16. Jahrhundert nach Europa. Ihre glocken- oder sternförmigen Blüten,
die an traubenförmigen Blütenständen wachsen, verströmen einen angenehmen Duft.
Die Farbpalette reicht von Weiß über Rosa bis zu Blau und Violett.
Jede Farbe vermittelt eine andere Botschaft: Weiß bedeutet »Ich bin glücklich, dich zu lieben«,
Blau steht für »Die Hoffnung, die du mir gibst, macht mich froh«, Rosa heißt
»Ich bin von deiner Liebe erfüllt« und Gelb hat die Bedeutung »Meine Liebe wird dich
glücklich machen«. Im Grunde ist die Botschaft stets die gleiche:
Die Hyazinthe ist Ausdruck tief empfundener Freude.

Zutaten
Für 3 Portionen

1 große Handvoll
   Hyazinthenblüten
1 Handvoll Feldsalat
etwa 20 Gänseblümchen-
   blüten und -knospen
   (*Bellis perennis*)
5 Stängel Kerbel
   (*Anthriscus cerefolium*)
3 EL Sonnenblumenöl
1 EL Sherryessig
Salz und Pfeffer

ZUBEREITUNG: 10 Min.

Abrakadabra …! ❖ Kräuter, Blüten und Blätter kurz
unter fließendem kalten Wasser waschen. ❖ Anschließend mit Küchenpapier vorsichtig trockentupfen. ❖
Für die Vinaigrette Öl, Essig, Salz und Pfeffer verrühren. ❖ Den Salat mit der Vinaigrette beträufelt servieren.

Hyazinthe

Wichtig!
Die blaue Waldhyazinthe (Endymion non-scripta) findet sich im April und Mai im Unterholz. In Deutschland steht diese Pflanze unter Naturschutz!

Wissenswertes rund um ... ... Hyazinthen

Der Legende nach geht der Name der Hyazinthe auf einen schönen griechischen Jüngling namens Hyakinthos zurück, den Geliebten des Apoll, den auch Zephyros, der Gott des Westwinds, begehrte. Beim Diskuswerfen wurde Hyakinthos versehentlich von Apolls Diskus getroffen und tödlich verwundet. Der eifersüchtige Zephyros hatte die steinerne Scheibe abgelenkt, damit sie Hyakinthos traf, denn er konnte es nicht ertragen, dass der Jüngling nur Augen für Apoll hatte. Untröstlich über den Verlust des Freundes, verwandelte Apoll dessen Blutstropfen in eine Blume, die auf ewig an ihn erinnern soll.

Kleine Hexenfibel

Blüten: Hyazinthenblüten werden gerne für Salate und Desserts verwendet. Man sollte jedoch nur weiche, fleischige Blüten nehmen.

Konstantinopel: In der glanzvollen, mächtigen Hauptstadt des byzantinischen Reiches war der Hyazinthenblüten-Salat sehr beliebt.

❧ 3 ❧

Kartoffel-Anis-Chutney
So werden Sie unwiderstehlich

In Europa und Amerika ist die Kartoffel (*Solanum tuberosum*) eines der beliebtesten Gemüse. Es gibt rund 3000 Kartoffelsorten, die jedoch nicht alle zum Verzehr geeignet sind. Während die rotgefleckte, dünnschalige *Picasso* in Frankreich großen Zuspruch findet, verwendet man in Deutschland gerne die festkochende *Sieglinde* oder die vorwiegend festkochende *Charlotte* und *Désirée*. Für das Tête-à-tête mit Ihrem Verehrer sollten Sie letztere Sorte wählen, da sie sich nicht nur hervorragend für Pürees und Chutneys eignet, sondern auch einen Namen trägt, der mit Sicherheit aufhorchen lässt.

VORBEREITUNG: 35 Min.
KOCHZEIT: 35 Min.

Zutaten
Für 3 Gläser à 370 ml

1 kg vorwiegend festkochende Kartoffeln
250 g Zucker
3 Vanilleschoten, aufgeschlitzt
2 Sternanis
etwa 1 kg brauner Rohrzucker
1 Päckchen Vanillezucker
1 TL gemahlener Zimt
3–4 cl Anisschnaps
    (z.B. Pastis)
2 EL gemahlener Anis
2 cl brauner Rum

Abrakadabra …! ✺ Kartoffeln schälen und in Stücke schneiden. ✺ Einen großen Topf mit 1 l Wasser füllen und Zucker, Vanilleschoten, Sternanis und Kartoffeln hinzufügen. ✺ 15 Min. kochen lassen, dann Vanilleschoten und Sternanis entfernen. Kartoffeln mit der Kochflüssigkeit zerstampfen. ✺ Püree abwiegen und mit der gleichen Menge Rohrzucker in einen Topf geben. Vanillezucker, Zimt, Pastis und Anis hinzufügen. ✺ 15–20 Min. kochen, Rum dazugeben und gut verrühren. ✺ In jedes der heiß ausgespülten Marmeladengläser 1 Vanilleschote legen und Chutney hineinfüllen. Gläser verschließen und zum Abkühlen auf den Kopf stellen.

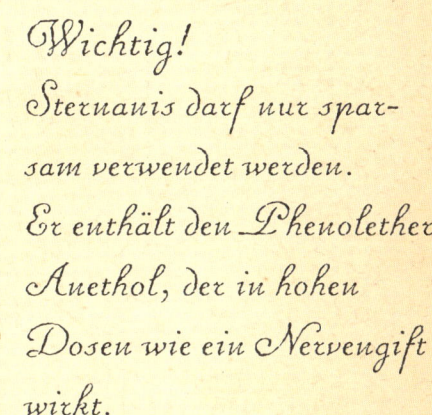

Kleine Hexenfibel

Sternanis: Das sternförmige Gewürz mit dem anisartigen Geschmack wird in Vietnam, Kambodscha, Laos und Japan, auf den Philippinen sowie in China kultiviert.

Giftig: Blätter, Blüten und Knospen der Kartoffel sind giftig. Auch Knollen mit grünen Stellen sind nicht zum Verzehr geeignet.

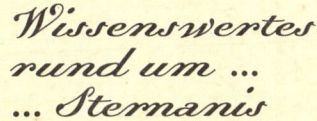

Wichtig!
Sternanis darf nur sparsam verwendet werden.
Er enthält den Phenolether Anethol, der in hohen Dosen wie ein Nervengift wirkt.

Wissenswertes rund um ... ... Sternanis

Der in Südchina und Nordvietnam beheimatete Sternanis (*Illicium verum*) ist eng mit der Magnolie verwandt und gelangte im 17. Jahrhundert nach Europa. Der Baum, der eine Höhe von 18 m erreichen kann, hat einen weißen Stamm, grüne Blätter und gelbe oder rosafarbene Blüten. Die Früchte schmecken nach Anis und besitzen die Form eines achtzackigen Sterns.

SERVIERVORSCHLAG

Kartoffel-Anis-Chutney eignet sich zum Füllen von Crêpes und Galettes und kann zu Fleisch, etwa Pute mit Maronenfüllung, serviert werden.

❧ 4 ❧
Rotes Chilipüree
Das bringt Würze
in Ihre Beziehung

Das leuchtend rote Chilipüree ist etwas fürs Auge. Auf einem Teller mit Käse
oder kaltem Fleisch angerichtet, ist es jedoch weit mehr als ein dekorativer Farbtupfer –
es hebt den Geschmack der übrigen Speisen hervor. Ein Tipp: Servieren Sie
entweder Käse oder Fleisch, nicht aber beides auf einmal. Chili lässt den
Adrenalinspiegel ansteigen, so dass der Körper beginnt, auf Hochtouren zu arbeiten.
Sie müssen Ihren Liebsten also nicht in Stress versetzen,
um mehr Würze in Ihre Beziehung zu bringen.

Zutaten

Für 2 Gläser à 330 ml

1,3 kg kleine rote Chilischoten
600 g Gelierzucker

VORBEREITUNG: 20 Min.
KOCHZEIT: 35 Min.

Abrakadabra …! ❈ Chilis von Kernen und weißen
Häutchen befreien. ❈ Schoten und Gelierzucker in
einen Topf mit 500 ml Wasser geben. ❈ Ohne Deckel
20 Min. kochen, im Mixer pürieren und 15 Min. köcheln
lassen. ❈ Das Chilipüree sofort in heiß ausgespülte
Marmeladengläser füllen, diese verschließen und zum
Abkühlen auf den Kopf stellen.

Wissenswertes rund um ...
... Chili

Im 17. Jahrhundert warnten Ärzte vor dem übermäßigen Verzehr von Chilischoten, doch auch sie wussten die heilenden Eigenschaften des *Capsicum annuum* zu schätzen. Die Pflanze wirkt verdauungsfördernd und lindert Zahnschmerzen, auch gegen Kurzsichtigkeit wurde sie eingesetzt. Eine kürzlich in Japan unter Langstreckenläufern durchgeführte Studie ergab, dass rote Chilischoten, die das Alkaloid Capsaicin enthalten, den Adrenalinspiegel erhöhen. Amerikanische Wissenschaftler haben außerdem entdeckt, dass Capsaicin ein wirksames Mittel zur Behandlung von Prostatakrebs ist.

Kleine Hexenfibel

Kerne: Wenn Sie einige Chilikerne in das Püree geben, wird es noch schärfer.

Appetitanregend: Seinen Gästen einen Minitoast mit Chili als Amuse-Gueule anzubieten, zeugt nicht von Gastlichkeit, denn sie werden danach keinen Appetit mehr haben.

SERVIERVORSCHLAG

Das rote Chilipüree passt vorzüglich zu Eichblattsalat und kaltem Fleisch.

❦ 5 ❦

Frauenmantel in Aspik
So nehmen Sie ihn für sich ein

Seinen Namen verdankt der Frauenmantel (*Alchemilla vulgaris*) den blassgrünen, gelben oder silbrig schimmernden Blättern, die mit ihrer runden, plissierten Form und der feinen Äderung an einen Umhang erinnern, wie ihn die Jungfrau Maria trug. Daher nennt man die Pflanze auch Marienkraut. Schon in der Antike schätzte man Frauenmantel als Heilpflanze bei Frauenleiden. Ein Tee aus seinen Blättern lindert Menstruations- und Wechseljahrsbeschwerden. In der Renaissance glaubte man, Frauenmantel könne Jungfräulichkeit und verlorene Schönheit wiederherstellen. Mit diesem Kraut haben Sie also die besten Chancen, ihren Liebsten für sich einzunehmen!

Zutaten

Für 2 Portionen

1 Handvoll Frauenmantel-
   blätter

1 Handvoll Wiesenknöterich-
   wurzeln und -blätter
   (*Polygonum bistorta*)

1 Handvoll Brennnesselblätter
   (*Urtica dioica*)

1 Handvoll Löwenzahnwurzeln
   und -blätter (*Taraxacum
   officinale*)

1 Kalbsfuß

2 Eier

40 g Butter, zerlassen

Salz und Pfeffer

VORBEREITUNG: 20 Min.
KOCHZEIT: 70 Min.

Abrakadabra …! ❈ Blätter und Wurzeln unter fließendem kalten Wasser waschen. ❈ Kalbsfuß in 1 l Wasser 1 Std. kochen. Kräuter hinzufügen und weitere 10 Min. kochen lassen. ❈ 1 Ei hartkochen, pellen und zerdrücken. ❈ Kräuter mit einem Schaumlöffel aus dem Topf heben und in feine Streifen schneiden. ❈ Das rohe Ei mit einer Gabel verquirlen und zu den Kräutern geben. ❈ Das hartgekochte Ei und die Butter untermengen. Mit Salz und Pfeffer würzen. ❈ Zwei kleine Auflaufformen jeweils halb mit der Mischung füllen und mit Kalbsbrühe aufgießen. ❈ Den Frauenmantel in Aspik abkühlen lassen, über Nacht kalt stellen und am nächsten Tag aus der Form stürzen.

Wichtig!
Frauenmantel soll die Frucht-
barkeit erhöhen. Wer sich ein
Kind wünscht, legt daher einige
Stängel unter die Matratze.

SERVIERVORSCHLAG

—◈—

Der frische Geschmack dieses
ungewöhnlichen, aber sim-
plen Gerichts passt vorzüglich
zu Wurst oder kaltem Braten.
Auch eignet es sich hervorragend zum Verfeinern von
Resten. Es lohnt sich also,
am Wegrand nach Kräutern
zu suchen …

Wissenswertes rund um … … Frauenmantel

Der Frauenmantel (*Alchemilla vulgaris*) war die mystische Pflanze der Alchimisten. Im Mittelalter verwendete man ihn zur Herstellung von Lebenselixieren. Hierzu wurde die Pflanze vor Sonnenaufgang gepflückt, um die Guttationstropfen einzusammeln, die sich in der Mitte der rosettenförmig angeordneten Blätter bilden. Aus diesem »himmlischen Wasser« glaubte man den Stein der Weisen gewinnen zu können, der Metall in Gold verwandelt.

Kleine Hexenfibel

Frühling: Die beste Jahreszeit zum Sammeln von Frauenmantel und anderen Wildkräutern ist der Frühling, wenn die Blätter jung und zart sind.

Blütenstand: Zwischen Mai und Juli können die blühenden Pflanzen gepflückt werden, die man an ihren kleinen, blassgelben Blütenständen erkennt. Frauenmantel gedeiht auch im Garten.

❧ 6 ❧

Johanniskrautöl
So verscheuchen Sie düstere Gedanken

Manchmal wird man von Niedergeschlagenheit ergriffen,
ohne zu wissen warum. *Fuga daemonum* – so der alte Name des Johanniskrauts –
kann den Dämon der Angst vertreiben. Das im Volksmund auch Jageteufel
genannte Johanniskraut (*Hypericum perforatum*), das während der
Hexenprozesse zur Teufelsaustreibung verwendet wurde,
hat eine außerordentlich positive Wirkung auf die Psyche und gilt als
eines der wirksamsten natürlichen Antidepressiva. Es verhilft zu mehr Gelassenheit,
indem es düstere Gedanken verscheucht.

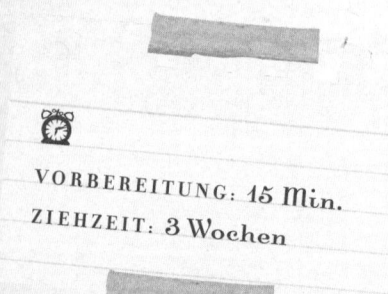

Zutaten
Für 3 Flaschen à 0,25 Liter

3 große Handvoll blühendes
Johanniskraut
750 ml Olivenöl

Abrakadabra …! ❈ Blätter abzupfen und dicke Stängel entfernen. ❈ Zweige und Blüten fein hacken und mit den Blättern vermengen. ❈ Johanniskraut in eine Flasche füllen, Olivenöl hinzufügen. ❈ Flasche auf ein Fensterbrett stellen. ❈ Das Johanniskrautöl nach 3 Wochen durch ein Teesieb seihen und in kleine Flaschen füllen.

VORBEREITUNG: 15 Min.
ZIEHZEIT: 3 Wochen

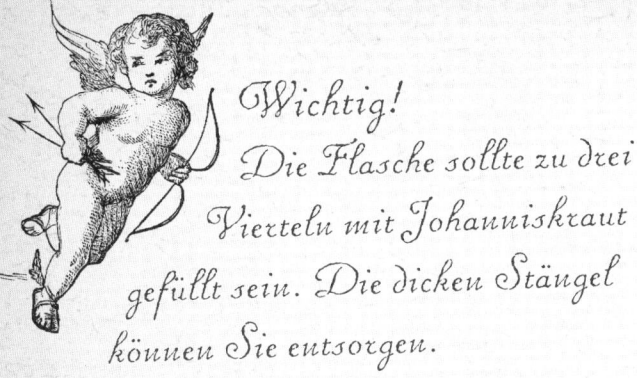

Wichtig!
Die Flasche sollte zu drei Vierteln mit Johanniskraut gefüllt sein. Die dicken Stängel können Sie entsorgen.

APROPOS

Damit das Öl seine leuchtende Farbe erhält, muss die Flasche während der Ziehzeit jeden Tag um 90 Grad gedreht werden. Füllen Sie das Öl danach in eine Karaffe, in der das leuchtende Rot zur Geltung kommt.

Kleine Hexenfibel

Pflücken: Johanniskraut sollte im Juni gepflückt werden, wenn die Blüten voll entfaltet sind. Wählen Sie einen sonnigen Tag zur Mittagszeit, dann ist die Pflanze völlig trocken. Waschen Sie das Kraut nicht, da es sonst schimmelt.

Öl: Verwenden Sie kaltgepresstes natives Olivenöl.

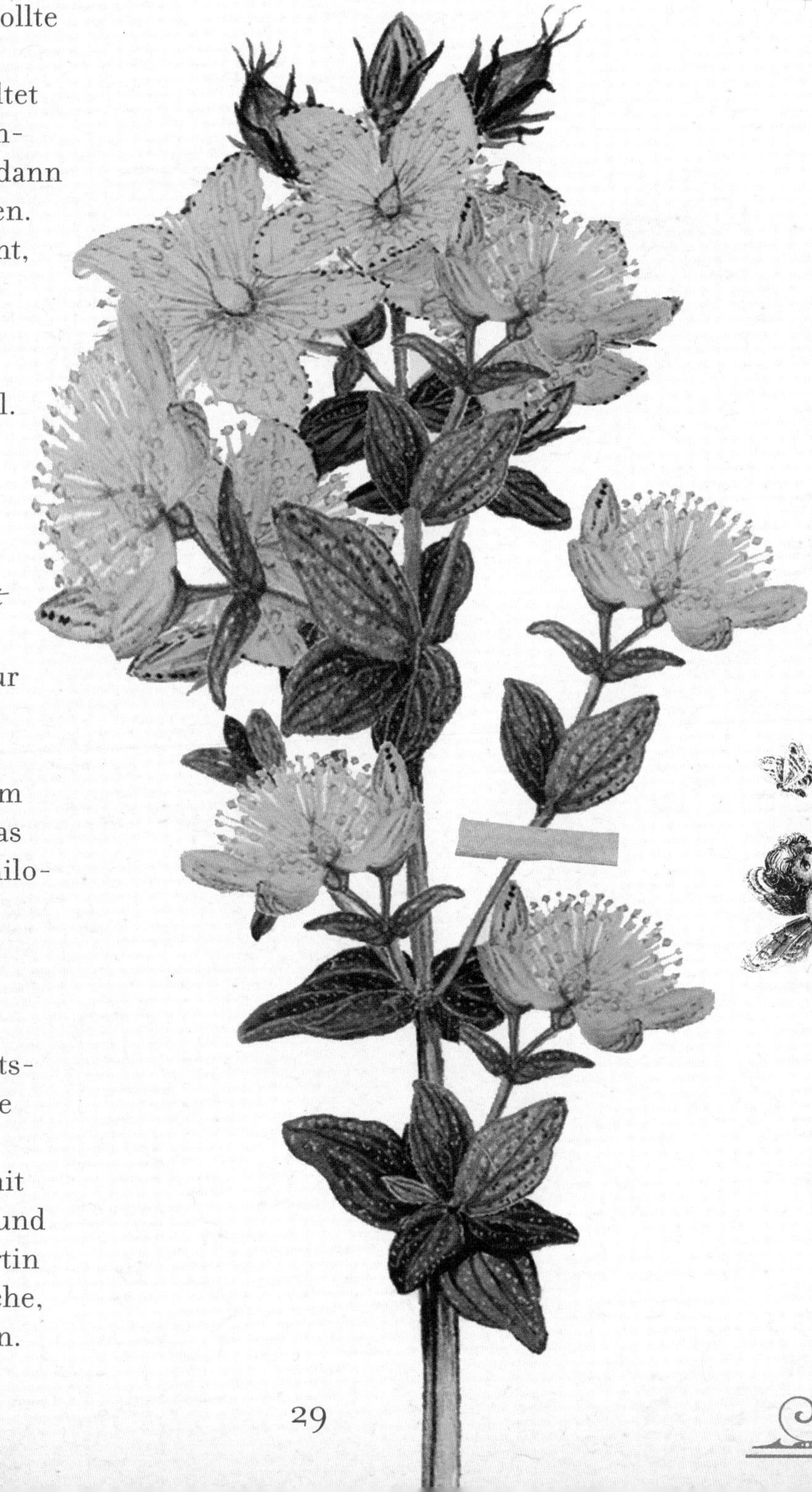

Wissenswertes rund um … … Johanniskraut

Wenn das Johanniskraut zur Sommersonnenwende am 21. Juni erblüht, trägt es sonnengelbe Blüten. In dem Zauberbuch *De Alchimia*, das dem Kirchenlehrer und Philosophen Albertus Magnus zugeschrieben wird, findet sich folgendes Rezept zur Steigerung der Lust: Eine Stunde vor dem Geschlechtsakt bestreicht der Mann die große Zehe seines linken Fußes und seine Lenden mit Balsam aus Johanniskraut und Schnittlauch. Seine Gefährtin soll daraufhin unvergessliche, magische Momente erleben.

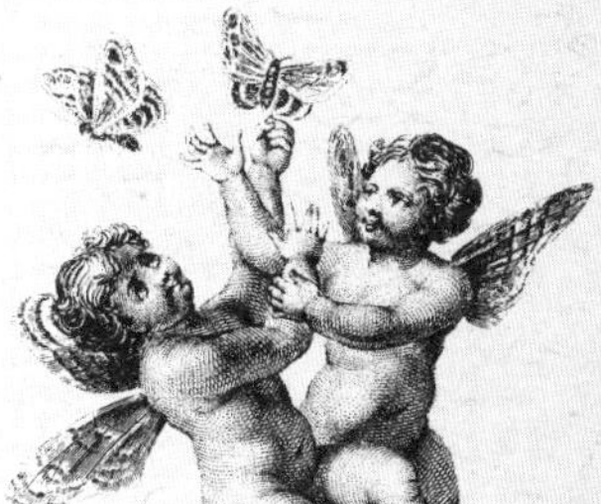

❧ 7 ❧
Geschmolzene Zwiebeln
So vermeiden Sie Tränen

Im alten Ägypten stellte man eine enge Verbindung zwischen den Schichten
der Zwiebel und den konzentrischen Kreisen der ägyptischen Kosmogonie her.
Deshalb galt die Zwiebel (*Allium cepa*) in dieser Kultur als Symbol des Universums.
Wie der Knoblauch und die Schalotte ist die Zwiebel in Zentralasien
beheimatet und wird seit langem weltweit als Lebensmittel, Heilpflanze und
Stärkungsmittel geschätzt. In rohem Zustand hat sie den Nachteil,
einen zum Weinen zu bringen, doch bei geschmolzenen Zwiebeln
ist dies nicht zu befürchten.

Zutaten
Für 2 Portionen

500 g Zwiebeln
2 EL Öl
250 ml Rotwein
Salz und Pfeffer
75 g Zucker

VORBEREITUNG: 15 Min.
KOCHZEIT: 30 Min.

Abrakadabra …! ❈ Zwiebeln schälen und in Ringe
schneiden. ❈ In einer Pfanne Öl erhitzen und Zwiebelringe darin goldgelb anschwitzen. Bei niedriger Hitze
15 Min. dünsten. ❈ Wein, Salz, Pfeffer und am Ende den
Zucker hinzufügen. ❈ Mit einem Holzlöffel rühren, bis
der Wein verkocht und eine sämige Masse entstanden
ist.

SERVIERVORSCHLAG

Geschmolzene Zwiebeln passen zu rotem Fleisch und Wild. Geben Sie Ihrem Gast eine große Portion, damit sich die gesundheitsfördernde Wirkung entfaltet.

Kleine Hexenfibel

Weich: Glasig und weich sollten die Zwiebeln nach dem Kochen sein.

Schwefel: Manche Menschen vertragen Zwiebeln wegen der darin enthaltenen, schwefligen Aminosäure nicht, die Blähungen verursacht.

Wissenswertes rund um ... ... Zwiebeln

Wie in Babylon nutzten auch Bauern in Österreich die Zwiebel in früheren Zeiten, um aus ihr die Zukunft und das Wetter für die kommenden Monate vorauszusagen. Hierzu füllten sie am letzten Tag des Jahres zwölf Zwiebeln mit Salz. Je nachdem, ob sich das Salz mit Flüssigkeit vollsaugte oder nicht, wussten sie so, in welchen Monaten Trockenheit herrschen oder wann es regnen würde. In Ägypten wurden die Pyramidenbauer mit Zwiebeln entlohnt. Auch nutzte man die Pflanze zum Mumifizieren und als Schutz vor Schlangen, weshalb die schlangenköpfige Fruchtbarkeitsgöttin Renenutet Zwiebeln verabscheut.

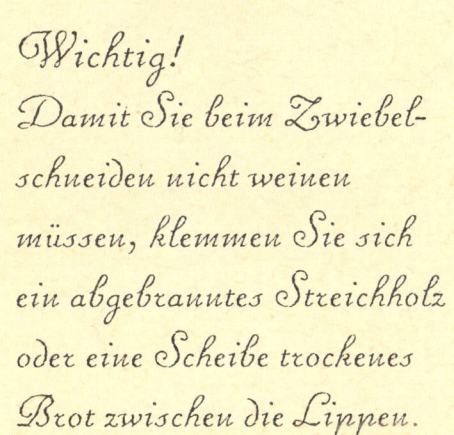

Wichtig!
Damit Sie beim Zwiebelschneiden nicht weinen müssen, klemmen Sie sich ein abgebranntes Streichholz oder eine Scheibe trockenes Brot zwischen die Lippen.

❧ 8 ❧
Bärlauchquark
So stillen Sie selbst Bärenhunger

Bärlauch ist, so scheint es, ein wahrer Glücksfall für Braunbären.
Dieser Tatsache verdankt er seinen Namen: Der imposante Säuger soll zu
den wenigen Tieren gehören, die das von Pflanzenfressern verschmähte Kraut verzehren.
Erwacht der Bär ausgehungert aus der Winterruhe, muss er rasch etwas finden,
das seinen leeren Magen füllt. Da Bärlauch (*Allium ursinum*) zu den ersten Pflanzen zählt,
die sich im Frühjahr zeigen, bietet er sich an, den ersten »Bärenhunger« zu stillen.
Bärlauch besitzt ein viel feineres Aroma als sein Verwandter, der Kulturknoblauch –
zum Glück, denn so bleibt der Atem frisch.

Zutaten
Für 6 Portionen

5 Bärlauchblätter
250 g Sahnequark

⏰
ZUBEREITUNG: 5 Min.

Abrakadabra …! ❈ Bärlauch fein schneiden und mit Quark vermengen. ❈ Den Bärlauchquark bis zum Verzehr kalt stellen.

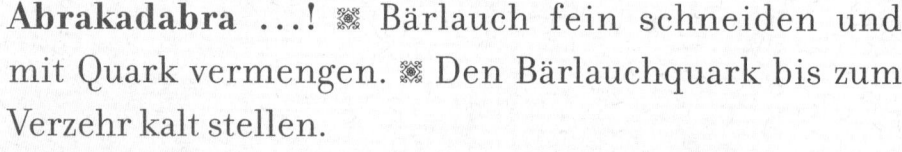

Bärlauch

Kleine Hexenfibel

Knoblauchzehen eignen sich hervorragend zum Spicken von Lammkeulen.

Knoblauchblüten verwandeln Salat in eine besondere Leckerei, wenn man sie einige Minuten im Salatöl ziehen lässt.

Wissenswertes rund um ... ... Bärlauch

Bärlauch (*Allium ursinum*) ist ein wildwachsendes Zwiebelgewächs, das an feuchten Orten gedeiht. Die weichen, glänzenden Blätter besitzen eine dunkelgrüne Färbung. Im Februar und März findet man Bärlauch in großen Kolonien im Wald. Von April bis Juni entfalten sich seine zahllosen kleinen, weißen Blüten und erfüllen die Wälder Europas und Nordasiens mit einem Geruch, der an frischen Knoblauch erinnert.

Wichtig!

Bärlauch ist leicht mit Maiglöckchen und der Herbstzeitlosen zu verwechseln, die beide giftig sind. Um sicherzugehen, sollten Sie die Blätter zwischen den Fingern zerreiben; so entfalten sie ihren charakteristischen Knoblauchgeruch.

SERVIERVORSCHLAG

Bärlauchquark passt hervorragend zu Tomaten und Gurken, aber auch zu kaltem Kalb- oder Schweinefleisch und zu Roastbeef schmeckt er vorzüglich.

❧ 9 ❧
Kräutersauce
So lüften Sie Geheimnisse

In ganz Europa ist es Brauch, in der Nacht zum 1. Mai die Walpurgisnacht zu feiern, einen der vier mittelalterlichen Hexensabbate. In Deutschland, Schweden, Rumänien und Teilen Frankreichs wird diese Tradition bis heute gepflegt. Wenn Sie sehen möchten, wie Hexen und Zauberer aufbrechen, um ihre Feuer zu entzünden, setzen Sie sich einfach einen Kranz aus Gundermann (*Glechoma hederacea*), auch Gundelrebe genannt, auf – mit dieser Pflanze, heißt es, können Sie erkennen, wer eine Hexe ist.

Zutaten

Für 6 Portionen

1 große Schüssel junge Blätter von Gundermann, Sauerampfer, Spitzwegerich, Gartenkresse und Knoblauchsrauke
1 Apfel
1 Scheibe altbackenes Brot
1 große Zwiebel
20 g Butter
1 TL Zitronensaft
2 Becher Naturjoghurt
250 g Magerquark
Salz und Pfeffer
Paprikapulver zum Garnieren

Abrakadabra …! ❈ Kräuter fein schneiden und einen Teil davon zum Garnieren beiseitelegen. ❈ Apfel schälen und reiben. ❈ Brot zerkrümeln. ❈ Zwiebel schälen und hacken. ❈ Butter in einem Topf zerlassen, Zwiebel und Brot darin anbraten. ❈ Zitronensaft und Kräuter hinzufügen. ❈ Deckel auflegen und bei niedriger Hitze 5 Min. dünsten. Topf vom Feuer nehmen und Apfel, Joghurt und Quark unterrühren. ❈ Mit Salz und Pfeffer würzen. ❈ Mit Paprikapulver und den restlichen Kräutern bestreut servieren.

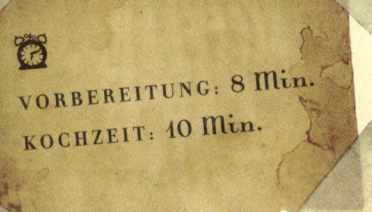

VORBEREITUNG: 8 Min.
KOCHZEIT: 10 Min.

Gundermann

Kresse

Wissenswertes rund um ... ... Gundermann

Der Gundermann (*Glechoma hederacea*), auch Donnerrebe, Erd-Efeu oder Silberkraut genannt, ist eine efeuähnliche Pflanze aus der Familie der Lippenblütler (*Labiatae*). Er ist das ganze Frühjahr über in Hecken, Wäldern und auf Wiesen zu finden und trägt blaue oder violette, manchmal auch weiße Blüten, die alle in dieselbe Richtung weisen. In den Alpen ist der Gundermann bis in 1600 m Höhe anzu-treffen, im Mittelmeerraum findet man ihn hingegen selten. Kulinarisch schätzt man ihn als Gemüse, Suppen-einlage und als Tee.

Wichtig!
Um den Geschmack der Gundelrebe unverfälscht zu genießen, sollten Sie nur junge Triebe verwenden.

Kleine Hexenfibel

Erstaunlich: Schon die Tatsache, dass ein Gericht mit einer Kräutersauce serviert wird, lässt jeden Gast auf-horchen, erst recht, wenn Sie die Zutaten nennen – Gunder-mann ist schließlich ein eher unbekanntes Kraut. Sollte Ihr Gast vor Erstaunen einen Frosch im Hals haben, wird das es ihm mit Sicherheit helfen.

Bekömmlichkeit: Weil die Zwiebeln und die Knoblauchs-rauke weich gegart werden, ist die Sauce gut bekömmlich und leicht verdaulich.

SERVIERVORSCHLAG

Die Kräutersauce passt sowohl zu kalten als auch zu warmen Speisen, zu Fleisch ebenso gut wie zu Fisch. Ihre Farbe kommt besonders gut zur Geltung, wenn man sie zu gedämpften Kartoffeln oder Reis serviert.

❧ 10 ❧
Knoblauchessig
So vertreiben Sie böse Geister

Die an Wegrändern wachsende Knoblauchsrauke (*Alliaria petiolata*) hat kleine,
weiße, kreuzförmige Blätter. Man erkennt sie an dem Knoblauchgeruch,
den ihre Blätter verströmen, wenn man sie zwischen den Fingern zerreibt.
Knoblauchsrauke ist ein wahrer Glücksfund, denn Knoblauch soll böse Geister vertreiben.
Im antiken Griechenland trugen Krieger als Schutz vor Unglücksfällen ein
Säckchen mit Knoblauch bei sich. In Estland legte man Neugeborenen Amulette,
in denen sich Knoblauch befand, unter das Kopfkissen, um Dämonen und Hexen abzuwehren.
In Schweden trugen Mädchen eine Knoblauchzehe unter der Kleidung,
um eifersüchtige Kobolde fernzuhalten. Eine Flasche mit Knoblauchessig auf
dem Tisch ist also ein guter Schutz gegen jeden bösen Geist.

Zutaten
Für 4 Flaschen à 0,25 Liter

1 Handvoll Knoblauchsrauke
1 l Weinessig

ZUBEREITUNG: 5 Min.
ZIEHZEIT: 3 Wochen

Abrakadabra …! ❖ Knoblauchsrauke hacken, in eine Flasche füllen und Essig hinzufügen. ❖ Flasche auf ein Fensterbrett stellen. ❖ Den Knoblauchessig nach 3 Wochen durch ein Sieb seihen und in kleine Flaschen füllen.

36

Wichtig!
Verwenden Sie einen wirklich guten Weinessig.

Kleine Hexenfibel

Knoblauchsrauke: Sie sollte stets absolut sauber und trocken verarbeitet werden.

Mysteriös: Eine Essigflasche auf dem Tisch verleiht dem Mahl eine geheimnisvolle Note, denn jedermann ist neugierig, was sich in solch einer Flasche verbirgt. Genauso ist es mit dem Geheimnis einer Frau – im Fall des Essigs steckt das Geheimnis im Bouquet.

Sonne: Knoblauchessig reift in der Sonne, daher sollte die Flasche täglich um 90 Grad gedreht werden.

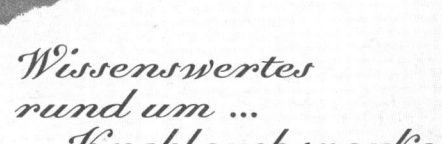

APROPOS

Die Blätter der Knoblauchsrauke können als Salat gegessen werden, die Blüten eignen sich zum Garnieren und aus den Samen lässt sich ein pikanter Senf herstellen.

Wissenswertes rund um ... ... Knoblauchsrauke

Die Knoblauchsrauke (*Alliaria petiolata*) gehört zur Familie der Kreuzblütler. Sie findet sich häufig an Waldrändern, Heckensäumen, Mauern und Zäunen. Ihre nieren- bis herzförmigen, gezackten Blätter können von April bis Juni gesammelt und sollten roh verwendet werden. Wegen ihrer antiseptischen Wirkung wurde die Pflanze bei Atemwegskatarrhen und Entzündungen eingesetzt.

Suppen

❧ 11 ❧
Frühlingsblütenbouillon
Feiern Sie den Frühling

Jeden Morgen bei Sonnenaufgang öffnet der Löwenzahn (*Taraxacum officinale*)
seine Blüten, um sie bei Einbruch der Dunkelheit wieder zu schließen.
Die flaumigen Kugeln, die seine Samen ausbilden, werden gerne als Orakel befragt.
Pustet man den Flaum fort und zählt die Samen, erfährt man entweder
wie viele Kinder man einmal haben wird oder (denn was, wenn man nun
fünfzig Samen zählt …) wie viele Jahre man noch leben wird.
Wie dem auch sei – es erwarten Sie gewiss noch viele glückliche Tage.

Zutaten
Für 2–3 Portionen

2 Handvoll Primelblüten
und -blätter (*Primula*)

1 Handvoll Veilchenblüten
und -blätter (*Viola*)

2 EL Gänseblümchenblüten
und -knospen
(*Bellis perennis*)

2 EL Löwenzahnblüten und
-knospen (*Taraxacum
officinale*)

4 junge Sauerampferblätter
(*Rumex acetosa*)

Knollen von 3 keimenden
weißen Zwiebeln

3 Kartoffeln

Salz und Pfeffer

125 g Crème fraîche

VORBEREITUNG: 5 Min.
KOCHZEIT: 20 Min.

Abrakadabra …! ❈ Blüten, Blätter und Knospen kurz unter fließendem kalten Wasser waschen. Einige Blüten zum Garnieren beiseitelegen. ❈ Zwiebeln schälen, halbieren und das grüne Innere herausnehmen. ❈ Kartoffeln schälen und waschen. ❈ Einen Topf mit 1 l Wasser füllen, Blüten, Blätter, Knospen, Zwiebeln und Kartoffeln hinzufügen, aufkochen und 20 Min. kochen lassen. ❈ Anschließend im Mixer pürieren. ❈ Mit Salz und Pfeffer würzen und mit den übrigen Blüten garnieren. Zu der Bouillon Crème fraîche servieren.

Veilchen   *Gänseblümchen*

Primeln

Kleine Hexenfibel

Rustikal: Möchten Sie das
Aussehen der Zutaten erhalten,
verzichten Sie einfach darauf,
die Suppe zu pürieren.

Löwenzahn: Blüten und Blätter
kann man ab April pflücken.
Im Herbst werden die Wurzeln
gesammelt, die vorzüglich in
Salaten schmecken.

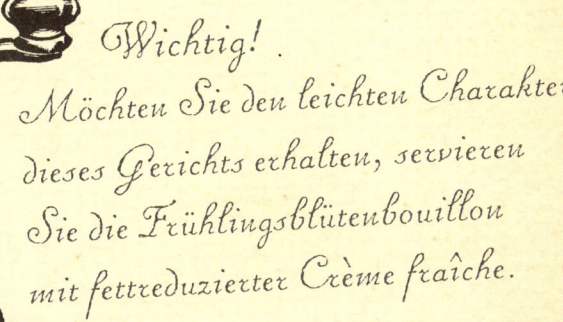

Wichtig!
Möchten Sie den leichten Charakter
dieses Gerichts erhalten, servieren
Sie die Frühlingsblütenbouillon
mit fettreduzierter Crème fraîche.

Wissenswertes rund um ...
... Gänseblümchen

Das Gänseblümchen (*Bellis
perennis*) ist ein Archaeophyt,
also eine Pflanze, die vor
Beginn der Neuzeit durch den
Menschen verbreitet bei uns
heimisch wurde. Die Germanen widmeten sie ihrer Früh-
lingsgöttin Ostara. Bis heute
nutzt man Gänseblümchen als
Orakel: Das Abzupfen der
Blütenblätter (»Er liebt mich,
er liebt mich nicht«) verrät,
ob der Angebetete die Liebe
erwidert oder nicht. Auch
heißt es, dass, wer Gänseblümchen isst, nie erwachsen
wird. Die am Johannistag
gepflückte und getrocknete
Blume soll, stets bei einem
getragen, jede wichtige Arbeit
gelingen lassen.

❦ 12 ❦
Camembert-Cremesuppe
So bleiben Sie ihm unvergesslich

Wenn der runde Käse mit der flaumigen Edelschimmelrinde in eine
Spanschachtel verpackt wird, ist er drei Wochen alt – so lange dauert die
Herstellung des Camemberts, den man entweder »affiné« (also nach einer Reifezeit
von 21–22 Tagen mit noch weißem, krümeligem Kern) oder »à point«
(nach 30– 35 Tagen Reifung mit sahnigem, gelbem Teig) genießt. Wird der Camembert
für eine Suppe verwendet, sollte er ebenfalls sorgsam ausgewählt werden.
Und zum Dessert? Wie klingt Schokolade mit Camembertfüllung in Ihren Ohren?
Diese Spezialität aus der Normandie ist zwar ein höchst eigenwilliges Mahl, aber ein
raffiniertes Mittel, um einen bleibenden Eindruck bei Ihrem Gast zu hinterlassen.

Zutaten
Für 8 Portionen

500 g Kartoffeln
500 g Zwiebeln
1,5 l Brühe
1 Camembert
150 g Kräuterfrischkäse
   mit Knoblauch
385 g Milchpulver (Asialaden)

⏱

VORBEREITUNG: 20 Min.
KOCHZEIT: 35 Min.

Abrakadabra …! ❊ Kartoffeln und Zwiebeln schälen und würfeln. ❊ Brühe in einem Topf zum Kochen bringen. Kartoffeln und Zwiebeln hinzufügen und bei mittlerer Hitze 30 Min. garen, anschließend im Mixer pürieren. ❊ Camembert würfeln und mit dem Frischkäse in einer Pfanne bei niedriger Hitze schmelzen. ❊ Den geschmolzenen Käse in die Suppe geben und das Ganze im Mixer schlagen, bis die Suppe eine cremige Konsistenz hat. ❊ Milchpulver einrühren und die Camembert-Cremesuppe sofort servieren.

Kleine Hexenfibel

Frühjahr: Besonders gut schmeckt Camembert im Frühjahr, wenn die Milch das vollste Aroma hat.

Calcium: 30 g Camembert enthalten 100 mg Calcium – kein Wunder, denn zur Herstellung eines Camemberts werden immerhin 2 l Milch benötigt.

Wissenswertes rund um ... ... Camembert

Sein ansprechendes Äußeres verdankt der Camembert der Entdeckung des *Penicillinum candidum* im Jahr 1910. Seitdem hat der weiße den blaugrauen Schimmel ersetzt, der noch entfernt werden musste. Camembert wurde Ende des 18. Jahrhunderts von der normannischen Bäuerin Marie Harel erfunden und trat dank der Entwicklung der Eisenbahn um 1850 seinen Siegeszug um die Welt an. Napoleon III., ein großer Camembert-Liebhaber, taufte ihn auf den Namen seines Herkunftsortes, die im französischen Pays d'Auge gelegene Stadt Camembert. Damit wurde der Camembert zu einem Symbol nicht nur der Normandie, sondern ganz Frankreichs.

Wichtig!
Nach Zugabe des Milchpulvers darf die Suppe nur vorsichtig erhitzt und nicht mehr zum Kochen gebracht werden, da sich sonst Klümpchen bilden.

❧ *13* ❧

Kerbelsuppe
Erfreuen Sie sich an
der erwachenden Natur

Durch den intensiven Anisgeruch, den der Kerbel (*Anthriscus cerefolium*) verströmt, ist eine Verwechslung dieser Pflanze mit dem giftigen Schierling praktisch ausgeschlossen. Der Gefleckte Schierling (*Conium maculatum*), eine der giftigsten Pflanzen überhaupt, ist durch den Schierlingsbecher bekannt, mit dem Sokrates hingerichtet wurde. Hexen nehmen Schierling zu sich, um ihre magischen Kräfte sowie ihre hellseherischen Fähigkeiten zu steigern. In William Shakespeares *Macbeth* können die Hexen dessen Untergang voraussagen, nachdem sie Schierling getrunken haben. Eine ganz andere Wirkung wird dem Kerbel nachgesagt, der bei Griechen und Römern für unverhoffte Genesung und Verjüngung stand – wenn das nicht vielversprechend klingt …

Zutaten
Für 2 Portionen

50 g Butter
1 Handvoll Kerbelblüten
500 ml Wasser
1 Prise Salz
3 EL gehackte Kerbelblätter
2 Eier
2 EL Crème fraîche

VORBEREITUNG: 10 Min.
KOCHZEIT: 20 Min.

Abrakadabra …! ❋ In einem Topf die Butter zerlassen und die Kerbelblüten darin 10 Min. dünsten. ❋ Unter ständigem Rühren nach und nach Wasser angießen und das Ganze salzen. ❋ 10 Min. köcheln lassen, dann die Kerbelblätter hinzufügen. ❋ In einer Suppenterrine die Eier kräftig aufschlagen und die kochende Suppe darübergießen. ❋ Crème fraîche unterrühren und die Kerbelsuppe sofort servieren.

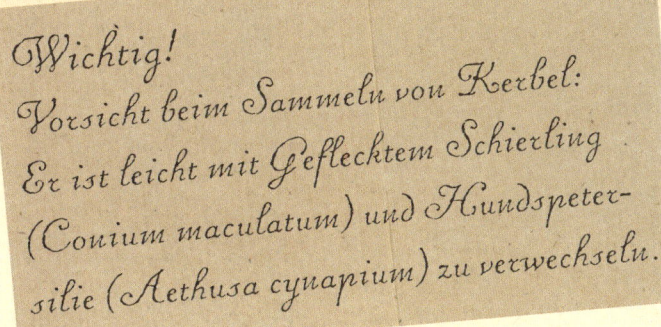

Wichtig!
Vorsicht beim Sammeln von Kerbel:
Er ist leicht mit Geflecktem Schierling
(Conium maculatum) und Hundspeter-
silie (Aethusa cynapium) zu verwechseln.

Kleine Hexenfibel

Duft: Kerbel ist an seinen farnartigen, hellgrünen Blättern zu erkennen, die an geraden, leicht gerillten Stängeln sitzen, insbesondere aber an seinem Anisduft.

Blüten: Die kleinen, weißen, aus mehreren Dolden bestehenden Kerbelblüten können im Mai und Juni gepflückt werden.

Wissenswertes rund um ... ... Kerbel

Dem aus Osteuropa stammenden Kerbel (*Anthriscus cerefolium*) wird eine appetitanregende, stimulierende, harntreibende und verdauungsfördernde Wirkung nachgesagt. Kerbel gedeiht in den Alpen, den Pyrenäen, im Apennin und auf dem westlichen Balkan in Höhen bis zu 1900 m. Früher verwendete man die Pflanze als Heilmittel für Mensch und Tier. Heute dienen die jungen Blätter als Gewürz oder werden als Gemüse zubereitet. Auch für Frühjahrskuren empfiehlt man Kerbel.

SERVIERVORSCHLAG

Servieren Sie einen Anisée als Aperitif.

❦ *14* ❧

Gemüsesuppe
mit Basilikumpesto
So knüpfen Sie zarte Bande

Das Basilikum (*Ocimum basilicum*) ist in Vorderindien beheimatet.
Außerhalb dieser Region wächst es nicht wild, sondern muss jedes Jahr neu ausgesät
werden. Die ovalen, glänzenden, dunkelgrünen Blätter verströmen einen frischen,
appetitanregenden Geruch. Dieser intensive Duft fördert die Konzentration, sagt man.
In Liebessäckchen gefüllt, soll die Pflanze die Zuneigung erhalten. Berühren Sie
unauffällig ein Säckchen, das Sie unter Ihre Serviette geschoben haben, und führen
Sie die Hand danach zum Herzen, ohne den Arm zu heben … Der Duft wird Ihren
Gast betören und das Band zwischen Ihnen festigen – oder auch erst knüpfen.

Zutaten
Für 6 Portionen

6 Kartoffeln
4 Karotten
2 Zucchini
1 Handvoll grüne Bohnen
1 Handvoll weiße Bohnen
Salz und Pfeffer
2 Handvoll Vermicelli
 (Fadennudeln)
3 Knoblauchzehen
1 Handvoll Basilikumblätter
80–100 ml Olivenöl
50 g geriebener Emmentaler

VORBEREITUNG: 30 Min.
KOCHZEIT: 90 Min.

Abrakadabra …! ❇ Kartoffeln, Karotten und Zucchini schälen und in Stücke schneiden. ❇ In einen Topf 1,5 l Wasser füllen, kleingeschnittenes Gemüse und Bohnen hinzufügen und mit Salz und Pfeffer würzen. ❇ Bei niedriger Hitze 75 Min. köcheln lassen. ❇ Vermicelli dazugeben und bei mittlerer Hitze 15 Min. kochen. ❇ Knoblauch schälen und Basilikum unter fließendem kalten Wasser waschen. Im Mörser zerstoßen und mit Öl zu einer glatten Paste verrühren. Nach und nach den Käse untermischen. ❇ Die Gemüsesuppe in eine Terrine füllen und das Basilikumpesto hineinrühren.

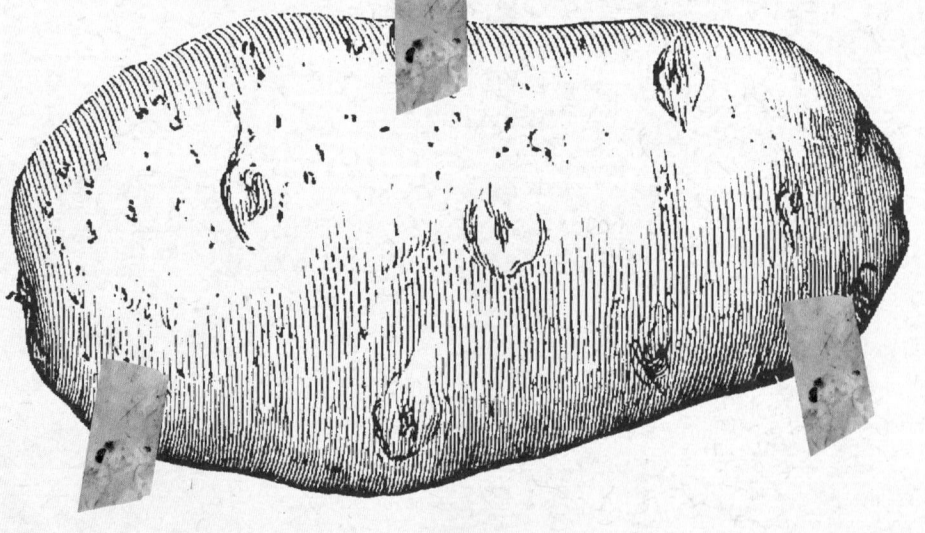

Wichtig!
Junge Basilikumblätter haben einen süßlichen Geschmack, während die größeren, älteren Blätter am unteren Teil des Stängels ein intensiveres Aroma besitzen.

Wissenswertes rund um ... ... Basilikum

In Indien gilt Basilikum (*Ocimum basilicum*) als heilige Pflanze: Es ist dem Gott Vishnu geweiht und verkörpert dessen Frau Lakshmi. Die Anhänger des Vishnukults binden Basilikumkränze und tragen Perlenketten, die aus den Wurzeln der Pflanze gefertigt werden. Bei den Hindus ist es Brauch, ein Basilikumblatt auf die Brust von Verstorbenen zu legen: Am Himmelstor vorgezeigt, stellt das Blatt sozusagen die Eintrittskarte ins Jenseits dar. Bei den Römern glaubte man, dass sich Hass verbreitet, sobald man das Wort »Basilikum« ausspricht.

Kleine Hexenfibel

Pfefferkraut: So wird das Basilikum auch genannt, ebenso Königsbalsam, Hirn- oder Herrenkraut.

Öl: Möchten Sie den Basilikumgeschmack noch verstärken, verwenden Sie Basilikumöl für die Suppe.

Currys: Basilikum passt nicht nur zu Tomaten und Mozzarella, sondern eignet sich auch als Zutat für Currys.

SERVIERVORSCHLAG

Richten Sie die Gemüsesuppe in einer Terrine an und servieren Sie Baguette dazu.

❧ *15* ❧

Brennnesselsuppe
So können Sie gefahrlos genießen

Früher diente die Brennnessel (*Urtica dioica*) nicht nur als Heilpflanze, sondern auch als Mittel der Bestrafung und zur Abwehr von bösen Kräften. In Peru schlug man Ehebrecherinnen mit Brennnesseln, in Ungarn peitschte man damit am Abend vor Pfingsten die Kühe, um sie vor dem bösen Zauber der Hexen zu schützen. Auch bei uns dienten Brennnesseln als »magisches« Mittel zur Einschüchterung, mit dem Eltern ihren unartigen Kindern drohten: »Zur Strafe bekommst du Brennnesselsuppe!« Natürlich verrieten sie nicht, dass die Nesseln als Suppe nicht mehr brennen …

Zutaten
Für 4 Portionen

4 Handvoll junge Brennnessel-
    blätter und -triebe
20 g Butter
4 Kartoffeln
Salz und Pfeffer
2 EL Crème fraîche

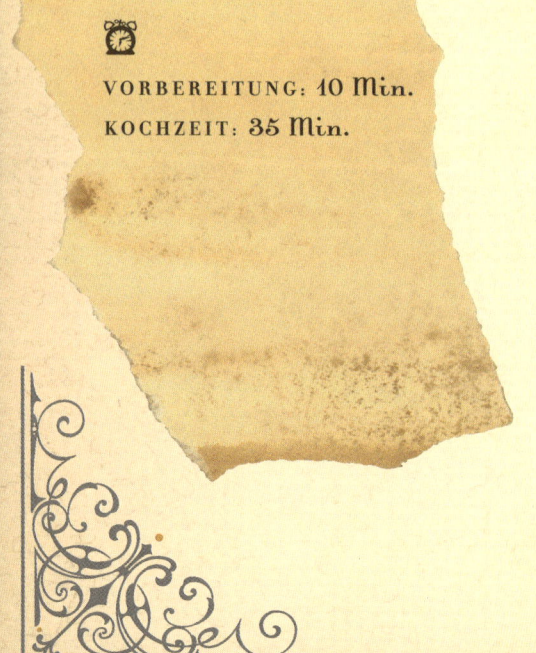

🕰
VORBEREITUNG: 10 Min.
KOCHZEIT: 35 Min.

Abrakadabra …! ❋ Brennnesseln kurz unter fließendem kalten Wasser waschen. Butter in einem Topf zerlassen und Nesseln darin 5 Min. dünsten. ❋ 1 l Wasser angießen. Kartoffeln schälen, kleinschneiden und hinzufügen. 30 Min. kochen lassen. ❋ Suppe im Mixer pürieren, salzen und pfeffern ❋ Crème fraîche unterrühren und sofort servieren.

Wissenswertes rund um ... ... Nesseln

Die als Unkraut geltende Große Brennnessel (*Urtica dioica*) wächst in großen Mengen an Wegrändern. Weltweit verbreitet, blüht sie auf der nördlichen Erdhalbkugel von Juni bis Oktober. Ihre Verwandte, die Kleine Brennnessel (*Urtica urens*), bevorzugt warme Regionen. Die ihr zum Verwechseln ähnlich sehende Weiße Taubnessel (*Lamium album*) ist hingegen nicht mit der Brennnessel verwandt, sondern gehört zur Familie der Lippenblütler. Sie gedeiht in Hecken und auf stickstoffreichen Böden und trägt von April bis Oktober große, weiße Blüten. Ihre jungen Blätter und Triebe werden als Salat oder Gemüse gegessen, die gekochten Wurzeln lassen sich als Salat zubereiten.

SERVIERVORSCHLAG

Servieren Sie die Brennnesselsuppe mit Knoblauch-Croûtons.

Kleine Hexenfibel

Kräftigend: Die Brennnessel wird als Heilpflanze geschätzt und unter anderem gegen Frühjahrsmüdigkeit und Blutarmut eingesetzt.

Starkes Geschlecht: Auch Männer profitieren von der Heilkraft der Brennnessel, denn ihre harntreibende Wirkung beugt der Vergrößerung der Prostata vor.

Wichtig!

Als Schutz vor den Brennhaaren sollten Sie beim Pflücken und Verarbeiten der Brennnesseln Handschuhe tragen.

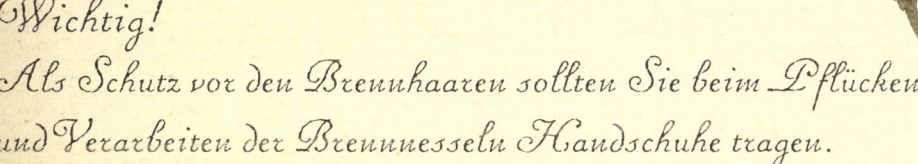

❧ 16 ❧

Algensuppe
Genießen Sie Natur pur

Algen sind außerordentlich anspruchslose Organismen: Sie gedeihen ohne jegliches Zutun und benötigen im Unterschied zu Landpflanzen weder ein spezielles Klima noch eine bestimmte Luftfeuchtigkeit. In der Bretagne findet man rund 1200 verschiedene Algenarten, von denen rund 20 nur Studienzwecken dienen: Ein Eldorado für Algenliebhaber, die nach der Flut an die Strände eilen, um die Algen einzusammeln. Ein beliebtes Meeresgemüse ist die Dulse (*Rhodymenia palmata*), eine Rotalge, die auch in dieser jodhaltigen Suppe Verwendung findet. Bekommen Sie nach diesem Genuss nicht Lust, ans Meer zu fahren und selbst Algen zu ernten?

Zutaten
Für 6 Portionen

6 Zwiebeln
50 g Butter
2 EL getrocknete Dulseflocken
(Asia- oder Naturkostladen)
2–3 EL Mehl
Salz und Pfeffer
50 g Croûtons
3 EL Crème fraîche
50 g geriebener Emmentaler

VORBEREITUNG: 15 Min.
KOCHZEIT: 40 Min.

Abrakadabra …! ❈ Zwiebeln schälen und in Ringe schneiden. Butter in einem Topf zerlassen und Zwiebelringe darin 10 Min. andünsten. ❈ Dulse hinzufügen, mit einem Holzlöffel unterrühren und Mehl darübersieben. ❈ Nach und nach 1 l Wasser angießen und zum Kochen bringen. ❈ Mit Salz und Pfeffer würzen, Deckel auflegen und 30 Min. köcheln lassen. ❈ Croûtons, Crème fraîche und Käse dazugeben und heiß servieren.

Kleine Hexenfibel

Dulse ist abgepackt in Asia- und Naturkostläden erhältlich. Die Rotalge hat einen angenehm nussigen Geschmack.

Wichtig!

Algen sind sehr gesund und ausgesprochen fettarm. Personen mit einer Schilddrüsen-überfunktion sollten wegen des hohen Jod-gehalts jedoch auf ihren Genuss verzichten.

SERVIERVORSCHLAG

Je nachdem, ob man es knackig oder weich mag, kann Dulse roh oder gekocht, mit Meeresfrüchten oder als Rohkost gegessen werden. Köstlich schmeckt sie mit Vinaigrette.

Wissenswertes rund um ... ... Algen

Algen sind ein außerordent-lich wertvolles Nahrungsmittel und erfreuen sich vor allem in Asien großer Beliebtheit. Auch Seeleute wissen sie zu schät-zen, liefern Algen ihnen doch notwendige, wenn nicht gar lebenswichtige Proteine. Der französische Arzt und Erfinder Alain Bombard, der im Selbst-versuch die Möglichkeiten des Überlebens von Schiffbrü-chigen erforschte, verbrachte mehr als zwei Monate in einem selbst konstruierten Schlauch-boot auf dem Meer und er-nährte sich dabei von Meeres-früchten. Sollten die Fisch-bestände weiter zurückgehen, wäre das Meeresgemüse ein geeigneter Jodlieferant.

❧ 17 ❧

Suppe aus Radieschengrün

So wird er Ihr größter Bewunderer

Ob Kraut oder Wurzel – sämtliche Bestandteile des Radieschens (*Raphanus sativus*) sind hervorragende Energiespender, deren Vorteile Sie sich leicht zunutze machen können. Darüber hinaus sind die kleinen Rettiche ausgesprochen gesund und kalorienarm. Den französischen Dichter und Chansonnier Georges Brassens (1921–1981) inspirierten sie zu einem frivolen Chanson. Das knackige, pikante Gemüse ist also die perfekte Zutat, um Ihren Gast zu Ihrem glühendsten Verehrer zu machen.

Zutaten

Für 4 Portionen

4 große Kartoffeln
30 g Butter
2 Bund Radieschen
Salz und Pfeffer
5–6 junge Sauerampferblätter
    (*Rumex acetosa*)
1 Zwiebel
2 EL Crème fraîche

VORBEREITUNG: 15 Min.
KOCHZEIT: 35 Min.

Abrakadabra …! ▓ Kartoffeln in ausreichend Salzwasser 20 Min. kochen und anschließend pellen. ▓ In der Zwischenzeit das Radieschengrün abschneiden und kurz unter fließendem kalten Wasser waschen. In einem Topf 20 g Butter zerlassen und Radieschengrün und Sauerampfer darin 10 Min. dünsten. ▓ Zwiebel schälen, in Ringe schneiden und in einer Pfanne in der restlichen Butter 15 Min. andünsten. Mit Salz und Pfeffer würzen. ▓ Sämtliche Zutaten mit Ausnahme der Crème fraîche im Mixer pürieren. ▓ Die Suppe mit Crème fraîche servieren.

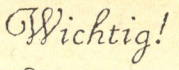

Wichtig!
Sauerampfer gedeiht an Flussufern und anderen feuchten Orten, aber auch auf Ödland. Verwenden Sie nur die jungen Blätter und Trieb-spitzen, die vor der Blüte von Mai bis Juli gepflückt werden können.

Wissenswertes rund um ...
... Sauerampfer

Der Große Sauerampfer (*Rumex acetosa*), auch Wiesen-sauerampfer genannt, ist eine mehrjährige Pflanze, die sich zum Würzen von Suppen, Sala-ten, Gemüse- und Kartoffel-gerichten, Quark und Brotauf-strichen eignet. Wegen des hohen Gehalts an Oxalsäure sollte dieses Wildgemüse nicht in größeren Mengen verzehrt werden. Als Würzmittel in Salaten sowie für heiße oder kalte Tees empfiehlt sich nicht mehr als 1 TL Blüten und Blätter. Sämtliche Teile des Sauerampfers werden als Heilmittel geschätzt und vor allem für Dekokte verwendet. Die Pflanze ist reich an Vitamin C, wird gerne als Entschlackungsmittel eingesetzt oder bei Anämie und Haut-ausschlägen verordnet.

Kleine Hexenfibel

Vorspeise: Servieren Sie doch einmal knackige Radieschen und ein Bier mit Himbeersirup als Vorspeise – einfach köstlich!

Scharf: Radieschen sind weniger scharf, wenn man sie mit Salz bestreut.

APROPOS

Fein geschnittenes Radieschen-grün kann anstelle von Petersilie verwendet werden.

❦ 18 ❧
Knoblauchbouillon
mit pochierten Eiern
Finden Sie die richtige Dosis

Mit seinem hohen Gehalt an Vitamin C, Kalium, Magnesium, Eisen, Zink und
Schwefel verfügt der Knoblauch (*Allium sativum*) über zahlreiche wertvolle Nährstoffe.
Er wirkt desinfizierend und verdauungsfördernd und beugt Bluthochdruck und
Arteriosklerose vor. Bei sehr empfindlichen Menschen kann er jedoch
Magenkrämpfe verursachen. Achten Sie deshalb darauf, nicht zu viel Knoblauch
zu verwenden, und halten Sie sich exakt an die Vorgaben im Rezept,
damit Sie Ihrem Gegenüber kein Unbehagen bereiten.

Zutaten
Für 6 Portionen

1/2 Knoblauchknolle
40 g Butter
6 Scheiben Brot
1 1/2 EL Paprikapulver
(edelsüß)
1 1/2 EL gemahlener
Kreuzkümmel
1,5 l Rinderbouillon
Salz und Pfeffer
6 Eier

VORBEREITUNG: 10 Min.
KOCHZEIT: 20 Min.

Abrakadabra …! ✖ Backofen auf 220 °C (Umluft
200 °C) vorheizen. ✖ Knoblauch hacken. Butter in
einem Topf zerlassen. Knoblauch darin 5 Min. anbraten, dann herausnehmen. ✖ Brotscheiben rösten und in
dem Topf 5 Min. anbraten. ✖ Mit Paprika bestreuen und
weitere 2 Min. braten. ✖ Knoblauch, Kreuzkümmel und
Brühe hinzufügen, salzen und pfeffern und zum Kochen
bringen. ✖ 6 Suppentassen halb mit Suppe füllen und je
1 Ei hineinschlagen. ✖ Etwa 8 Min. in den Backofen
geben, bis die Eier gestockt sind.

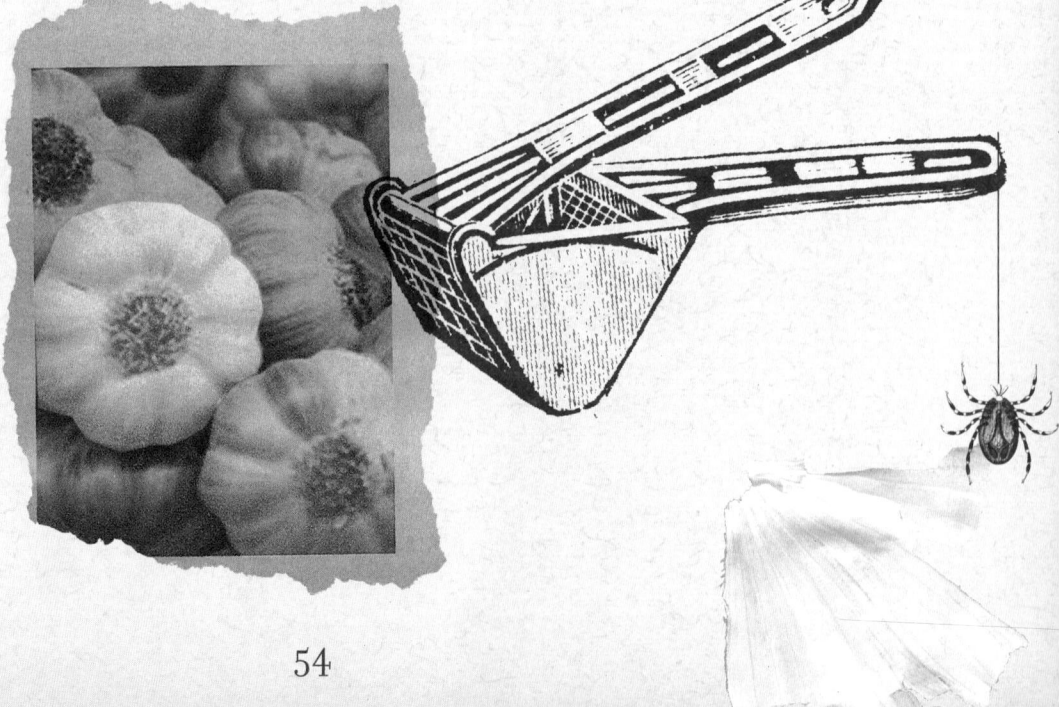

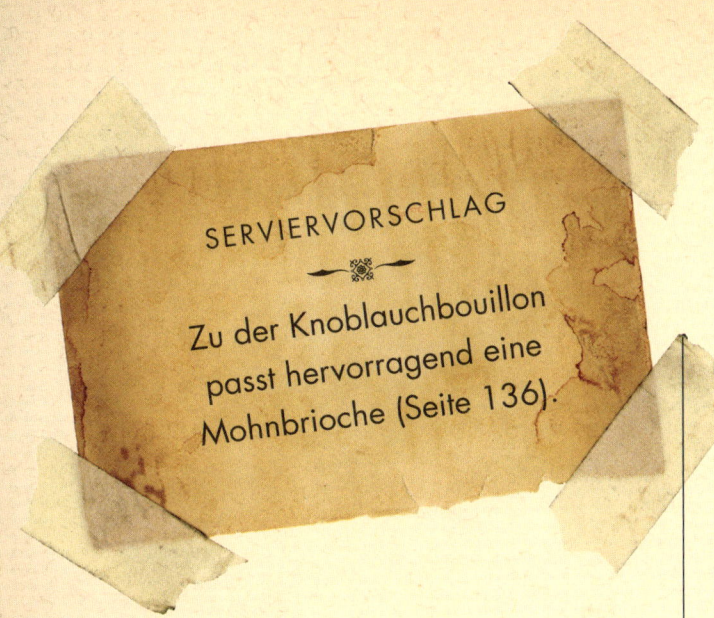

SERVIERVORSCHLAG

Zu der Knoblauchbouillon passt hervorragend eine Mohnbrioche (Seite 136).

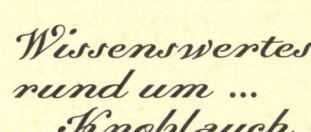

Wichtig! Verwenden Sie Suppentassen aus Steingut oder einem anderen feuerfesten Material.

Kleine Hexenfibel

Knoblauchknollen: Die verdickten Blätter dieser Zwiebelpflanze bestehen aus mehreren »Nebenzwiebeln«, den Knoblauchzehen, die rund um einen Stängel angeordnet sind.

Variation: Verleihen Sie der Bouillon eine besondere Note, indem Sie verschiedene Knoblaucharten verwenden: herkömmlichen weißen Knoblauch, den begehrten rosa Knoblauch aus der Region Lautrec im Süden Frankreichs und geräucherten Knoblauch aus Ungarn.

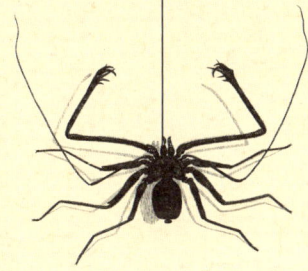

Wissenswertes rund um ... ... Knoblauch

Der aus Asien stammende Knoblauch (*Allium sativum*) mit seinen vielen »Zehen«, die je nach Sorte von einer weißen, rosafarbenen oder hellvioletten Schale umhüllt sind, gehört zur Familie der Liliengewächse (*Liliaceae*). Schon seit Urzeiten verwendet man ihn als Gemüse und Gewürz. In der Antike galt er als Symbol für Vitalität, weshalb ihn vor allem Athleten als Mittel zum Erhalt ihrer körperlichen Leistungsfähigkeit schätzten.

❧ 19 ❧
Austern-Cremesuppe
So wird das Mahl
für beide zu einem Gewinn

Der berühmte Verführer Giacomo Casanova (1725–1798) soll jeden Abend vier Dutzend Austern verspeist haben, weil er überzeugt war, auf diese Weise seine Manneskraft zu stärken. In der Tat sagt man der Auster aufgrund ihres hohen Zinkgehalts eine potenzsteigernde Wirkung nach. Der hohe Eiweißgehalt der Austern begünstigt die Bildung des Neurotransmitters Dopamin, der stimmungsaufhellend wirkt und somit das sexuelle Verlangen steigert. Aus diesem Grund soll die Auster aphrodisische Eigenschaften besitzen – und zwar sowohl bei Männern als auch bei Frauen. Der Verzehr ist also für beide von Gewinn …

Zutaten
Für 4 Portionen

24 Austern
2 Stangen Porree
(ohne das Grün)
4 Schalotten
2 Stangen Staudensellerie
25 g Butter
200 ml trockener Weißwein
750 ml Fischfond
100 g Sahne
Salz und
Pfeffer
Kerbel zum
Garnieren

VORBEREITUNG: 30 Min.
KOCHZEIT: 1 Std.

Abrakadabra …! ❈ Austern öffnen und kalt stellen. ❈ Porree waschen und in feine Ringe schneiden. Schalotten schälen und fein hacken. Sellerie waschen und kleinschneiden. ❈ Butter in einer Pfanne zerlassen und das Gemüse darin 10 Min. andünsten. Wein angießen und aufkochen lassen. ❈ Austernwasser durchseihen und mit dem Fischfond hinzufügen. 50 Min. köcheln lassen. ❈ Durch ein feines Sieb in einen Topf streichen und bei mittlerer Hitze fast zum Kochen bringen. ❈ Austern aus den Schalen lösen und in der Brühe 1 Min. pochieren. ❈ Topf vom Feuer nehmen, Sahne unterrühren und mit Salz und Pfeffer würzen. ❈ Die Austern-Cremesuppe in eine vorgewärmte Terrine füllen und mit Kerbel garniert servieren.

Wissenswertes rund um ...
... Austern

Austern können bei einem einzigen Laichvorgang bis zu einer Million Eier produzieren, und das mehrmals im Jahr. Wie bestimmte andere Meeresorganismen auch, können diese Muscheln mehrfach das Geschlecht wechseln und einmal Männchen, ein anderes Mal Weibchen sein. Aus diesem Grund glaubt man, dass der Genuss von Austern einem sowohl die männliche als auch die weibliche Seite der Liebe zugänglich macht.

Kleine Hexenfibel

Reste: Heben Sie das Porreegrün auf und garen Sie es am nächsten Tag in der übrig gebliebenen Gemüsebrühe.

Milch: Im Sommer bilden Austern Milch, was ihre Qualität aber nicht beeinträchtigt.

Öffnen: Austern zu öffnen erfordert eine gewisse Geschicklichkeit. Am besten verwenden Sie dazu ein Austernmesser, das Sie am Scharnier zwischen die Schalen führen, um diese aufzubrechen.

SERVIERVORSCHLAG

Zu dieser kalorienarmen und dennoch energiespendenden Suppe passen Baguette und ein trockener Weißwein.

Wichtig!
Die Austern-Cremesuppe sollte sofort serviert werden.

❧ 20 ❧

Gemüsebouillon mit Wachteleiern

Lassen Sie ihn ein wenig zappeln

Einem Aberglauben zufolge, der im 19. Jahrhundert auf dem Land verbreitet war, hat man es ohne jeden Zweifel mit einer Hexe zu tun, wenn das Ei, das einem von dieser Frau gegeben wurde, beim Kochen platzt. Was aber, wenn Sie ein Ei in eine Speise hineinmogeln? Haben Sie es mit einem besonders neugierigen Verehrer zu tun, der unbedingt alles über Sie erfahren möchte, dann lassen Sie ihn ruhig ein wenig zappeln – und weiterhin im Unklaren über Ihre wahre Identität …

Zutaten

Für 8 Portionen

3 Karotten
2 Stangen Staudensellerie
1 Kräutersträußchen
2 Würfel Rinderbrühe
8 Wachteleier
Salz
3 Knoblauchzehen
Tabasco nach Geschmack
Saft von 1 Zitrone

⏰

VORBEREITUNG: 10 Min.
KOCHZEIT: 20 Min.

Abrakadabra …! ❈ Karotten schälen, Sellerie putzen und beides kleinschneiden. ❈ In einem Topf 2 l Wasser, Gemüse und Kräutersträußchen zum Kochen bringen. ❈ Brühwürfel hinzufügen und 20 Min. köcheln lassen. ❈ In der Zwischenzeit die Wachteleier in kochendem Salzwasser 8 Min. garen, dann pellen und hacken und mit dem zerdrückten Knoblauch vermengen. ❈ Brühe durchseihen und in den Topf zurückgießen. Tabasco und Zitronensaft hinzufügen und zum Kochen bringen. ❈ Bouillon auf 8 Suppentassen verteilen und mit der Knoblauch-Wachtelei-Mischung bestreut servieren.

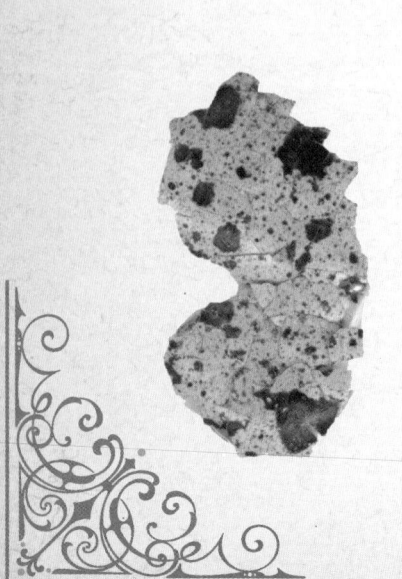

58

Kleine Hexenfibel

Eier spielen in der Hexerei eine wichtige Rolle. Mit Hilfe des Ei-Orakels können Hexen die Zukunft voraussagen. In England glaubte man, Hexen schrieben Zauber-sprüche in Eierschalen. Sogar das Meer sollen Hexen darin befahren können. Gelangt eine Hexe in den Besitz der Schalen des Eis, das ein anderer gegessen hat, kann sie Macht über diese Person ausüben.

Eigelb macht mind. 20 % des Gewichts eines Eis aus. Der genaue Anteil hängt davon ab, ob es sich bei dem Vogel um einen Nest-

hocker oder einen Nestflüch-ter handelt: Bei Nestflüchtern kann das Eigelb bis zur Hälfte des Gewichts betragen.

APROPOS

Das Ei ist der Keim des Lebens, und das ist wohl der Grund dafür, dass Hexen in ihrer »Küche« so großzügig davon Gebrauch machen.

Wissenswertes rund um ... ... Wachteleier

Das Wachtelei, eines der kleinsten Eier in der Vogel-welt, ist immer noch größer als das Ei des Wintergoldhähn-chens, das 13 mm lang und 10 mm breit ist. Die Eier dieses hübschen Sperlings-vogels dürfen nicht gegessen werden. Die Eier der Euro-päischen Wachtel (*Coturnix coturnix*), die in weiten Teilen Europas, Zentral- und West-asiens sowie Afrikas zu Hause ist, werden 25 bis 33 mm lang und 20 bis 25 mm breit. Ihre weißliche bis gelb-beige Schale ist mit dunkelbraunen Flecken oder Punkten und Sprenkeln bedeckt. Die Eier der in Asien und Australien beheimateten Zwergwachtel (*Exalfactoria chinensis*) da-gegen sind grünlich oder hell-gelb und schwarz oder braun gesprenkelt.

Wichtig!
Die Gemüsebouillon mit Wachtel-eiern sollte sofort serviert werden — pünktliche Gäste oder eine perfekt organisierte Köchin vorausgesetzt.

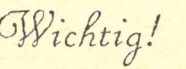

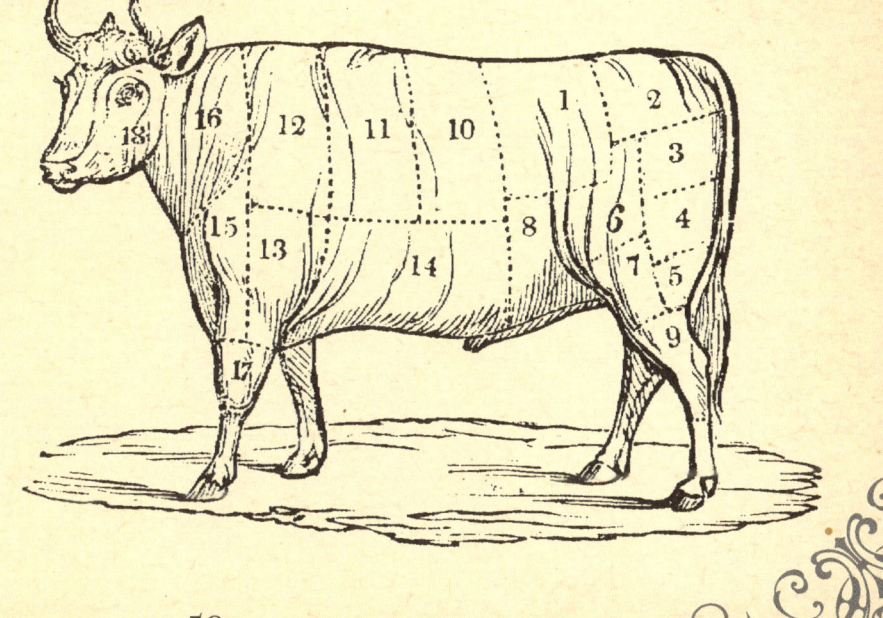

SUPPEN

❧ *21* ❧
Surimi-Cremesuppe
mit Ingwer
So wecken Sie seine Leidenschaft

Der Name des Ingwers (*Zingiber officinale*) leitet sich von dem Sanskrit-Wort
singabera ab, das so viel wie »hornförmig« bedeutet. In Asien sagt man dem
Ingwer nach, er erweitere die Gefäße im Beckenraum und kräftige das Becken.
Daher wird ihm häufig eine aphrodisische Wirkung bescheinigt.
Am besten, heißt es, solle er frisch, gerieben oder kandiert verwendet werden.
Ob der Ingwer in dieser Cremesuppe auch Ihre Leidenschaft weckt?

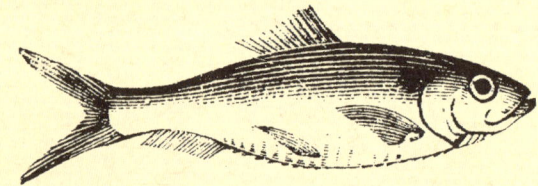

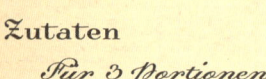

Zutaten

Für 3 Portionen

150 g Kartoffeln
Salz und Pfeffer
1 EL gehackter Ingwer
300 g Surimi (Asialaden)
Croûtons und geriebener
Emmentaler zum Garnieren

VORBEREITUNG: 10 Min.
KOCHZEIT: 12 Min.

Abrakadabra …! ❊ Kartoffeln schälen und würfeln und
in einen Topf mit 400 ml Salzwasser geben. Ingwer
hinzufügen und das Ganze 12 Min. kochen. ❊ Surimi
dazugeben, mit Pfeffer würzen und im Mixer pürieren.
❊ Die Surimi-Cremesuppe mit Croû-
tons und Käse bestreut sehr
heiß servieren.

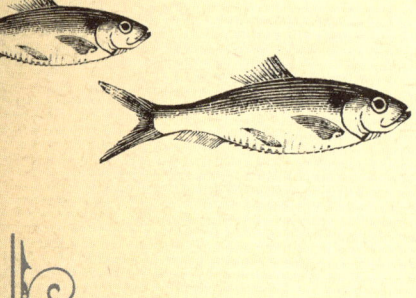

Wissenswertes rund um ...
... Ingwer

Der Ingwer (*Zingiber officinale*) ist in Asien beheimatet. Das Gewürz, das in rund 100 Sorten vorkommt, ist kulinarisch vielfältig einsetzbar: In Japan werden die jungen, saftigen, fleischigen Wurzeln in Essig eingelegt, in Indien wird Ingwer den Curry-Gewürzmischungen beigefügt. In der chinesischen Küche verwendet man die reifen, faserigen, trockenen Wurzeln für Gerichte mit Meeresfrüchten. Aber auch beim Backen und bei der Aromatisierung von Getränken findet Ingwer Verwendung, in England wird Bier damit verfeinert, in Ostafrika der Tee.

Kleine Hexenfibel

Eigenschaften: Ingwer wirkt nicht nur aphrodisisch, sondern auch verdauungsfördernd und appetitanregend.

Gari: Der süßsauer eingelegte Ingwer wird traditionell als Beilage zu Sushi serviert.

Wichtig!
Die Schale von frischem Ingwer (Obst- und Gemüseabteilung) sollte dünn sein und silbrig glänzen.

Vorspeisen und Salate

❧ 22 ❧
Zucchini-Beifuß-Cake
So vertreiben Sie
die Müdigkeit

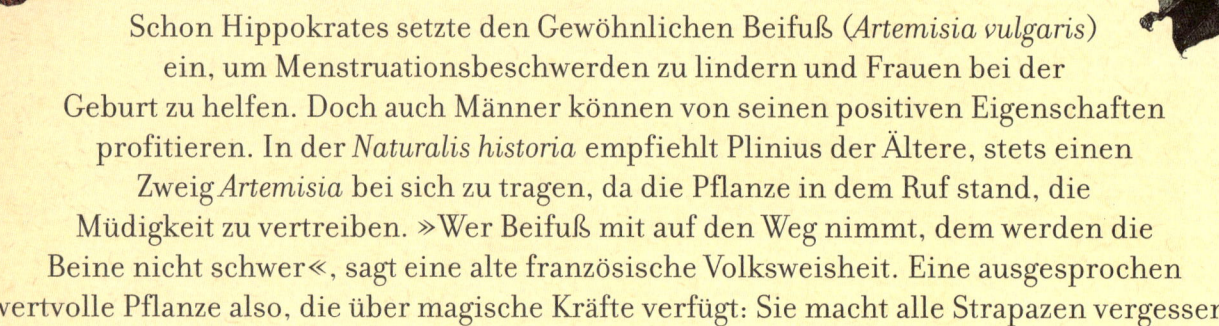

Schon Hippokrates setzte den Gewöhnlichen Beifuß (*Artemisia vulgaris*)
ein, um Menstruationsbeschwerden zu lindern und Frauen bei der
Geburt zu helfen. Doch auch Männer können von seinen positiven Eigenschaften
profitieren. In der *Naturalis historia* empfiehlt Plinius der Ältere, stets einen
Zweig *Artemisia* bei sich zu tragen, da die Pflanze in dem Ruf stand, die
Müdigkeit zu vertreiben. »Wer Beifuß mit auf den Weg nimmt, dem werden die
Beine nicht schwer«, sagt eine alte französische Volksweisheit. Eine ausgesprochen
wertvolle Pflanze also, die über magische Kräfte verfügt: Sie macht alle Strapazen vergessen.

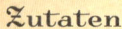

Zutaten

Für 6 Portionen

Butter zum Einfetten
300 g Walnusskerne
3 Eier
200 g Zucchini
2 TL flüssiges Vanillearoma
250 ml Walnussöl
400 g brauner Rohrzucker
1 Päckchen Backpulver
400 g Dinkelmehl
2 EL Beifuß-Triebspitzen
    mit Blütenknospen
2 TL gemahlener Zimt
1 TL gemahlener Galgant
    (Siamingwer)

VORBEREITUNG: 15 Min.
BACKZEIT: 1 Std.

Abrakadabra …! ❈ Backofen auf 180 °C (Umluft
160 °C) vorheizen. Eine große Kastenform mit Butter
einfetten und mit einem eingefetteten Stück Backpapier auslegen. ❈ Walnusskerne grob hacken. ❈ Eier
kräftig verquirlen. ❈ Zucchini waschen und reiben.
❈ Zucchini, Vanillearoma und Öl mit den Eiern verrühren. ❈ Zucker einrieseln lassen und alles gut vermengen. ❈ Das mit Backpulver vermischte Mehl nach
und nach unterheben. ❈ Die übrigen Zutaten hinzufügen und gut vermischen. ❈ Teig in die Kastenform gießen und 1 Std. backen. ❈ Den Zucchini-Beifuß-Cake
nach dem Auskühlen aus der Form stürzen.

Wissenswertes rund um ... ... Beifuß

Den botanischen Namen *Artemisia vulgaris* verdankt der Beifuß der griechischen Göttin des Mondes, Artemis, deren Pendant in der römischen Mythologie Diana hieß. Der Artemistempel in Ephesos war das vierte der 7 antiken Weltwunder. Von Herostratos 356 v. Chr. in Brand gesteckt, wurde er mit Unterstützung Alexanders des Großen wieder aufgebaut. Man verehrte Artemis als Göttin der Jagd und der Keuschheit und nannte sie »Göttin mit den zwei Gesichtern«. Stets von wilden Tieren umgeben, wird sie in der *Ilias* als »Herrin der Tiere« bezeichnet.

APROPOS

Anstelle des Galgants können Ingwer oder Viergewürzpulver verwendet werden, die dem Cake eine pikante Note verleihen.

Kleine Hexenfibel

Jungfernkraut ist einer der volkstümlichen Namen des Beifuß. Die mit Blütenknospen besetzten Triebspitzen können ab Juli oder August in der Küche verwendet werden.

Halbieren Sie die Menge des Beifuß, wenn Sie ihn getrocknet verwenden.

Dinkel verleiht Gebäck einen feinen, nussigen Geschmack und »gibt ein aufgelockertes Gemüt und die Gabe des Frohsinns«, wie im *Riesencodex* zu lesen ist, einer Sammlung der Schriften Hildegards von Bingen (1098–1179), die sich in der Hessischen Landesbibliothek in Wiesbaden befindet.

Wichtig!
Um jede Geschmacksnuance des Beifuß zu erschmecken, braucht es Zeit – Ihr Gast wird also umso länger bei Ihnen verweilen.

❧ 23 ❧

Ziegenkäse-Kanapees mit Kapuzinerkresse-Salat

So wecken Sie den Romantiker in ihm

Ihren Namen verdankt die aus Peru stammende Kapuzinerkresse (*Tropaeolum majus*) der Ähnlichkeit ihres Blütensporns mit der Kapuze des Gewands der Kapuzinermönche. Die Pflanze gelangte Ende des 17. Jahrhunderts nach Europa, wo Mönche sie als Schutz gegen Viehseuchen und Hexerei einsetzten. Der scharfe, an Wasserkresse erinnernde Geschmack ihrer Blätter und Blüten führte zu der Bezeichnung »Kresse«, mit der sie jedoch nicht verwandt ist. Kapuzinerkresse wird neben einer aphrodisischen Wirkung auch eine physikalische Besonderheit nachgesagt: An heißen Sommerabenden soll sie sich elektrisch entladen – eine hübsche Illumination für ein romantisches Tête-à-tête …

Zutaten

Für 4 Portionen

4 kleine Ziegenkäse
4 dicke Scheiben Weizen-
  mischbrot
1 EL Butter
8–10 Stängel Bohnenkraut
  (*Satureja hortensis*)
1 Beutel gemischte junge
  Salatblätter
1 Handvoll Kapuzinerkresse-
  blätter und -blüten
3 EL Olivenöl
1 EL Cidre-Essig
Salz und Pfeffer

VORBEREITUNG: 15 Min.
KOCHZEIT: 10 Min.

Abrakadabra …! ❊ Backofen auf 210 °C (Umluft 190 °C) vorheizen. ❊ Ziegenkäse halbieren. ❊ Brotscheiben mit Butter bestreichen und mit je 2 Käsehälften belegen. ❊ Mit fein geschnittenem Bohnenkraut bestreuen und im Backofen 10 Min. überbacken. ❊ In der Zwischenzeit Salat und Kapuzinerkresse in eine Schüssel geben. ❊ Öl, Essig, Salz und Pfeffer zu einer Vinaigrette verrühren und unmittelbar vor dem Servieren über den Salat träufeln. Alles vorsichtig vermengen. ❊ Salat zusammen mit den Kanapees servieren.

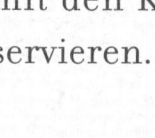

Wissenswertes rund um ...
... Kapuzinerkresse

Die in Südamerika beheimatete Kapuzinerkresse (*Tropaeolum majus*) gelangte zur Zeit
Ludwigs XIV. nach Frankreich,
wo man sie vorzugsweise für
Salate verwendete. Die Pflanze
mit den gelben, orangen oder
roten Blüten wird nicht nur in
der Küche, sondern auch als
Heilpflanze und in der Kosme-
tik geschätzt. Einziger Nachteil
der Kapuzinerkresse: Sie zieht
Schädlinge wie die Schwarze
Bohnenlaus magisch an.

Kleine Hexenfibel

Bohnenkraut: Sollten Sie
kein frisches Bohnenkraut
zur Hand haben, können Sie
ersatzweise 4 TL getrocknetes
Bohnenkraut verwenden.

Ganz köstlich: Besonders gut
schmecken die Blüten der
Kapuzinerkresse, essen
kann man aber auch die Blätter
und Samen sowie die Blütenknospen, die eingelegt als
Ersatz für Kapern dienen.

Wichtig!
Der süßlich-pfeffrige Geschmack der Kapuziner-
blüten gibt Salaten mehr Würze. Daher sollte
man bei der Vinaigrette mit Pfeffer sparen.

SERVIERVORSCHLAG

Machen Sie das Gericht zu
einer wahren Augenweide,
indem Sie jede Portion mit
einer farbenfrohen Blüte der
Kapuzinerkresse garnieren.

❧ 24 ❧

Jakobsmuscheln mit Ingwer
So locken Sie ihn aus der Reserve

Der Name der Jakobsmuschel (*Pecten maximus*) geht auf den Apostel Jakobus zurück. Pilger, die auf dem berühmten Jakobsweg zu seinem Grab wanderten, diente die Muschel als Erkennungszeichen. An ihren roten, braunen, rosafarbenen oder gesprenkelten Schalen mit den strahlenförmigen Rippen leicht zu identifizieren, wird die Meeresfrucht wegen ihres hohen Eisengehalts geschätzt. Ihr orangeroter Rogen (Corail) gilt als Delikatesse. Eine Jakobsmuschel ist es auch, der die Göttin der Schönheit auf Sandro Botticellis Gemälde *Die Geburt der Venus* (um 1483) entsteigt. Das gleichnamige Gemälde des französischen Malers William Bouguereau aus dem Jahr 1879, das sich im Pariser Musée d'Orsay befindet, stellt die Venus auf ähnliche Weise dar. Sollte Ihr Verehrer ein wenig schüchtern sein, können Sie ihn mit diesem Gericht aus der Reserve locken.

Zutaten

Für 4 Portionen

400 g Chicorée
7 EL Olivenöl
8 Jakobsmuschelnüsschen
Salz und Pfeffer
1 Stück Ingwerwurzel
abgeriebene Schale von
   1 unbehandelten
   Limette
Saft von 1 Zitrone

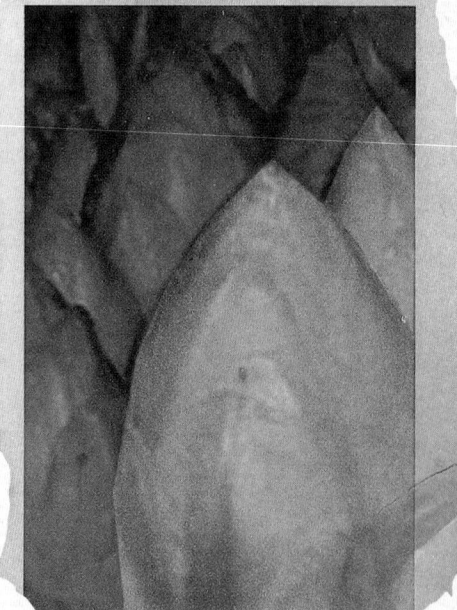

VORBEREITUNG: 15 Min.
KOCHZEIT: 15 Min.

Abrakadabra …! ❀ Backofen auf 150 °C (Umluft 130 °C) vorheizen. ❀ Chicorée waschen und nach Entfernen der bitteren Strünke in Stücke schneiden. ❀ In einem Topf 3 EL Öl erhitzen und Chicorée darin bei niedriger Hitze 12 Min. dünsten. ❀ In der Zwischenzeit die Jakobsmuscheln salzen und pfeffern und in einem ofenfesten Schmortopf in dem restlichen Öl kurz anbraten. ❀ Ingwer schälen, reiben und mit der Limettenschale zu den Muscheln geben. ❀ Bratfond mit Zitronensaft ablöschen. ❀ Den Schmortopf für 3 Min. in den Backofen stellen. ❀ Jakobsmuscheln samt Bratflüssigkeit auf dem Chicorée anrichten und sofort servieren.

Wichtig!

Servieren Sie die Jakobsmuschelnüsschen in den Schalen, wird Ihr Gast unweigerlich an die prächtige Muschel denken, auf der Venus aus dem Schaum des Meeres auftaucht – was für ein Bild!

Kleine Hexenfibel

Limette: Bei der Limette handelt es sich um eine eng mit der Zitrone verwandte, vermutlich aus Indien und Malaysia stammende Zitrusfrucht.

Saftig: Das Fruchtfleisch der Limette ist deutlich saurer und saftiger als das der Zitrone und enthält viel Kalzium und Vitamin C.

Wissenswertes rund um ... ... Jakobsmuscheln

Der Fang der Jakobsmuschel (*Pecten maximus*) ist streng reglementiert, denn das zweischalige Weichtier, das vom Nordatlantik bis zum Mittelmeer verbreitet ist, entwickelt sich nur langsam und benötigt drei Jahre, ehe sein Wachstum abgeschlossen ist. Jakobsmuscheln werden zwischen Oktober und April gefangen; nur auf der Insel Jersey dürfen die Muscheln das ganze Jahr über »geerntet« werden. In Frankreich stammt die Hälfte des Fangs aus der Normandie.

SERVIERVORSCHLAG

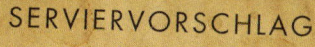

Zu Jakobsmuscheln passen Feldsalat und Basmatireis, der den säuerlichen Geschmack abmildert.

❧ 25 ❧
Champignon-Flans
mit Basilikumbutter
Und wenn er es nun wäre?

Schon in vorspanischer Zeit sah die indianische Bevölkerung im Süden Mexikos bestimmte Pilze als heilig an. In Sibirien glaubt man, mit Hilfe der halluzinogenen Eigenschaften des Fliegenpilzes die Zukunft voraussagen zu können. Vom *Agaricus*, so der botanische Name des Champignons, kann man Derartiges nicht behaupten, doch entfaltet er in Kombination mit Basilikum durchaus eine stimulierende Wirkung. Zwar werden Sie mit diesem Gericht nicht die Zukunft voraussagen können, aber davon träumen können Sie durchaus … Und wenn er es nun wäre?

Zutaten
Für 4 Portionen

6 Walnüsse
1 Bund Basilikum
500 g Champignons
3 Eier
1 EL Sahne
200 g Magerquark
1 Msp. Fünfgewürzpulver
(Asialaden)
Salz und Pfeffer
1 Knoblauchzehe
Butter zum Einfetten
der Formen
Saft von 1 Zitrone
115 g Butter

VORBEREITUNG: 35 Min.
KOCHZEIT: 30 Min.

Abrakadabra …! ❈ 4 Walnüsse grob hacken. Basilikum waschen, die Hälfte fein schneiden und einige Blätter der anderen Hälfte zum Garnieren beiseitelegen. ❈ Champignons kurz waschen, fein würfeln und in einer Teflonpfanne bei starker Hitze 10 Min. braten. ❈ Backofen auf 180 °C (Umluft 160 °C) vorheizen. ❈ In einer Schüssel Eier, Sahne, Quark, Fünfgewürz-

pulver, Salz und Pfeffer kräftig verrühren. ❈ Nüsse, Champignons, den zerdrückten Knoblauch und das geschnittene Basilikum untermengen. ❈ Masse in 4 eingefettete Auflaufförmchen füllen und im Backofen 20 Min. garen. ❈ In der Zwischenzeit Basilikumblätter mit Zitronensaft pürieren und bei niedriger Hitze erwärmen. ❈ Butter nach und nach unterschlagen, salzen und pfeffern. ❈ Flans auf 4 Teller stürzen, mit Butter umgießen und mit Basilikumblättern und je 1 Walnusshälfte garniert servieren.

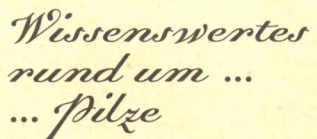

Kleine Hexenfibel

Appetitlich: Champignons und Basilikum harmonieren so ausgezeichnet miteinander, dass man sie in Mexiko als Mittel gegen Appetitlosigkeit einsetzt.

Teuflisch: Kennen Sie den Satanspilz (*Boletus satanas*) mit dem auffälligen gelben oder roten Stiel? Seinen Namen trägt dieser Pilz nicht umsonst, denn er ist giftig und verursacht schwere Magen- und Darmbeschwerden.

Wichtig!
Denken Sie daran, zum Garnieren 2 Walnüsse und einige Basilikumblätter beiseitezulegen.

Wissenswertes rund um ... ... Pilze

Pilze sind ein wahrer Segen, können aber auch ein tödlicher Fluch sein. Man sollte sich daher gut auskennen, wenn man sie sammelt. Häufig tragen Pilze recht ungewöhnliche Namen, man denke nur an die Totentrompete (*Craterellus cornucopioides*), bei der es sich um einen vorzüglichen Speisepilz handelt …

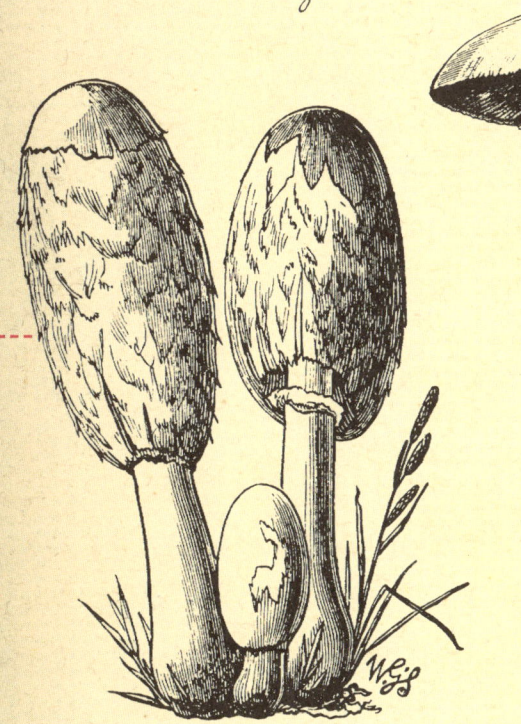

APROPOS
❖
Die Flans sollten heiß auf vorgewärmten Tellern serviert werden.

❧ 26 ❧

Kombu-Flans
mit Brombeerpüree

Wenn Sie ihm ein langes Leben wünschen

Die Alge ist ein wahres Lebenselixier. In Japan zeichnen sich einige
Bevölkerungsgruppen – unter ihnen die Perlentaucher, die sich
ausschließlich von Reis und Algen ernähren – durch eine erstaunlich
lange Lebensdauer aus und werden in der Regel über achtzig,
vielfach sogar bis zu einhundert Jahre alt. Ihrem Liebsten ein langes Leben
zu wünschen, ist wohl das wertvollste Geschenk, das Sie ihm machen können.

Zutaten

Für 6 Portionen

2 Handvoll Kombu Breton
    (Fingertang)
1 l Milch
2 Vanilleschoten
4 EL Zucker
500 g Brombeeren
150 ml Wasser
6 Minzeblätter

VORBEREITUNG: 40 Min.
EINWEICHZEIT: 4 Std.
KOCHZEIT: 45 Min.
KÜHLZEIT: 2 Std.

Abrakadabra …! ❈ Kombu in kaltem Wasser 2 Std. einweichen, Wasser erneuern und Vorgang wiederholen.
❈ Algen abtropfen lassen. ❈ Milch in einen Topf füllen
und mit Algen und aufgeschlitzten Vanilleschoten
20 Min. kochen. ❈ Mischung durch ein feines Sieb
passieren. ❈ 3 EL Zucker hinzufügen und noch einmal
5 Min. erhitzen. Auf 6 Flanformen verteilen und kalt
stellen. ❈ Brombeeren kurz unter fließendem kalten
Wasser waschen, in einen Topf geben und Wasser dazugeben. Bei niedriger Hitze 10 Min. kochen lassen.
❈ Brombeeren durch ein Sieb passieren und Saft auffangen. ❈ 1 EL Zucker hinzufügen und bei niedriger
Hitze 10 Min. köcheln lassen, bis der Saft
leicht eindickt. Abkühlen lassen und 2 Std. in
den Kühlschrank stellen. ❈ Kombu-Flans auf
Dessertteller stürzen, sobald sie fest sind,
mit Brombeerpüree beträufeln und
mit je 1 Minzeblatt garniert servieren.

Kleine Hexenfibel

Fingertang: Der botanische Name des Kombu Breton lautet *Laminaria digitata*, aber hierzulande ist er als Fingertang bekannt. Diesen Namen verdankt er seinen braunen, lederartigen, fingerförmig geschlitzten Wedeln.

Ernte: Fingertang wird von Mai bis Oktober geerntet.

Wissenswertes rund um ... ... Fingertang

Der Fingertang (*Laminaria digitata*) ist eine sehr große Algenart, die kaltes, tiefes Wasser bevorzugt. Ihr grünlich-brauner Thallus ähnelt nassem Leder, und der glatte, ovale, biegsame Stiel verfügt über eine kräftige Haftkralle, mit der die Pflanze sich an Felsen festhält. Ihr Wedel kann 3–4 m lang werden. Die Lebensdauer des Fingertangs beträgt drei bis acht Jahre.

SERVIERVORSCHLAG

Da Fingertang sehr jodhaltig ist, sollten Sie zu diesem Gericht einen Wein mit möglichst geringem Tanningehalt servieren. Am besten eignet sich ein Weißwein, den man auch zu Meeresfrüchten trinkt.

Wichtig!

Wertvolle Tipps für die Zubereitung von Algen liefert die chinesische Küche. Sollen die Algen knackig bleiben, müssen sie 5 Min. gedämpft und 5–20 Min. in Wasser gekocht werden. Sollen die Algen weich sein, beträgt die Kochzeit etwa 1,5 Std. Ihre Zubereitung nimmt also einige Zeit in Anspruch, zumal sie vor dem Kochen mind. 2 Std. eingeweicht werden müssen.

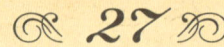

❧ 27 ❧

Austern »Aphrodite«
So ziehen Sie ihn in Ihren Bann

Austern lassen einen fast zwangsläufig an Aphrodite denken, die Göttin der
sinnlichen Begierde. Nicht vergessen werden sollte, dass sie zugleich als Göttin
der reinen Liebe galt. Wie dem auch sei – wenn Ihr Gast sich an den Austern
»Aphrodite« gütlich tut, bleibt die Wirkung bestimmt nicht aus,
und es stellt sich allein die Frage, ob es an den Austern, den Gewürzen oder
an Ihnen selbst liegt, dass Sie ihn wie Aphrodite in Ihren Bann ziehen …

Zutaten

Für 2 Portionen

2 Schalotten
1 Knoblauchzehe
12 Austern
1 EL Butter
5 EL Crème fraîche
1 TL Currypulver
einige Safranfäden
Pfeffer
einige Tropfen Zitronensaft

VORBEREITUNG: 20 Min.
KOCHZEIT: 20 Min.

Abrakadabra …! ❈ Schalotten und Knoblauch schälen und hacken. ❈ Austern öffnen und Wasser auffangen, durchseihen und
mit Schalotten, Knoblauch
und Butter bei niedriger
Hitze 10 Min. einkochen
lassen, bis die Flüssigkeit
auf die Hälfte reduziert ist.
❈ Crème fraîche und Ge-
würze unterrühren und das
Ganze aufkochen lassen.
Zitronensaft hinzufügen. ❈
Austernfleisch auf 2 Gratin-
formen verteilen, mit Sauce übergießen und unter dem
Backofengrill etwa 10 Min. gratinieren.

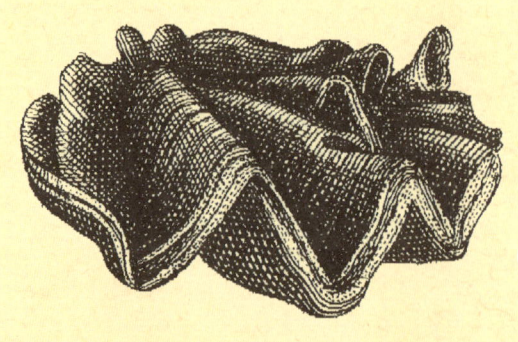

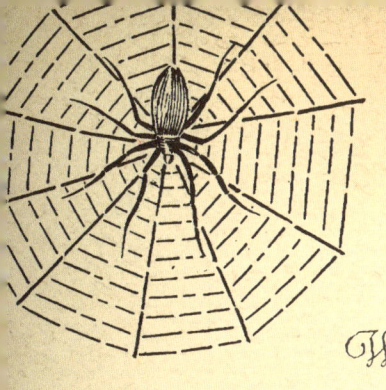

Wichtig!
Oft heißt es, man solle von Mai
bis August auf den Genuss von
Austern verzichten. Das ist zwar
Unsinn, doch ist ihr Fleisch im
Winter tatsächlich schmackhafter.

SERVIERVORSCHLAG

Servieren Sie dieses verführerische Gericht aus edlen Gewürzen und Austern zu einem Candle-Light-Dinner.

Wissenswertes
rund um ...
... Aphrodite

Das Wort »aphrodisisch« leitet sich von Aphrodite ab, der griechischen Göttin der Liebe und Mutter des Eros, die in einer Muschelschale aus dem Meer auftauchte. Das römische Pendant zu Aphrodite ist Venus. Im Unterschied zu dieser verkörpert Aphrodite jedoch nicht nur die sinnliche Liebe, sondern auch die Menschenliebe – zwei Seiten ihres Wesens, die sich symbolisch in den Tieren widerspiegeln, mit denen die Göttin sich gerne umgibt: Hase, Ziegenbock und Widder stehen für Ungestüm und Leidenschaft, während Taube, Turteltaube und Schwan Frieden und Reinheit symbolisieren.

Kleine Hexenfibel

Knoblauch: Junger Knoblauch schmeckt milder und ist leichter verdaulich, weil er noch keinen Keim besitzt.

Saison: Austernzüchter versichern, dass Austern in Monaten mit einem »R« – also im Januar, Februar, März, April, September, Oktober, November und Dezember – am besten schmecken.

❦ 28 ❦

Frühlingsblumensalat
So zeigen Sie ihm Ihre Zuneigung

Im antiken Griechenland pflegten Männer ihrer Angebeteten als Zeichen keimender
Zuneigung Veilchen (*Viola odorata*) zu schenken, die als Blumen der Liebe galten.
Das Veilchen war auch die Lieblingsblume von Napoleons erster Frau, Joséphine,
deren Hochzeitskleid und deren Sarg mit Veilchen geschmückt waren.
Immer wieder hat die zarte Blume, die Bescheidenheit und Jungfräulichkeit symbolisiert,
Dichter, Komponisten und Maler zu Kunstwerken inspiriert, und bis heute sind
es Veilchen – die ersten Frühlingsboten –, die man sich zum Ausdruck
aufrichtiger Zuneigung und sehnsuchtsvollen Verlangens schenkt.

Zutaten
Für 4 Portionen

1 große Handvoll
   Veilchenblätter
1 große Handvoll
   Veilchenblüten
1 große Handvoll junge
   Primelblätter und -blüten
1/2 Kopfsalat
1–2 EL neutraler Essig
3 EL Erdnussöl
Salz und Pfeffer

ZUBEREITUNG: 10 Min.

Abrakadabra …! ❈ Blätter und Blüten kurz unter fließendem kalten Wasser waschen und dann trockentupfen. ❈ Kopfsalat waschen und Blätter in mundgerechte Stücke zerteilen. ❈ Essig, Öl, Salz und Pfeffer
zu einer Vinaigrette verrühren und unmittelbar vor dem
Servieren über den Frühlingsblumensalat träufeln.

Wichtig!
Die Primel (Primula veris), auch
Wiesenschlüsselblume genannt, steht unter
Naturschutz und darf nicht gepflückt werden.
Sie kann jedoch problemlos im Garten
gezogen werden. Die Blüten sind zudem
in Apotheken erhältlich.

Kleine Hexenfibel

Veilchenessig eignet sich hervorragend zur Verfeinerung von Salaten und Saucen und lässt sich ganz einfach herstellen: 15 g Veilchen in 1 l Weißweinessig auf dem Fensterbrett 10 Tage ziehen lassen, den Essig anschließend durchseihen und in eine saubere Flasche füllen.

Violetter Senf aus dem Limousin, die *Moutarde Violette de Brive*, wird nach einem mittelalterlichen Rezept aus blauem Traubenmost hergestellt. Mit dem feinen, milden Senf können Fischsaucen verfeinert werden.

Wissenswertes rund um ... ... Veilchen

Wie sein botanischer Name, *Viola odorata*, vermuten lässt, verströmen die Blüten des Duft- oder Märzveilchens einen intensiven, lieblichen Geruch. Die saftigen Blätter können roh in Salaten oder gekocht in Saucen gegessen werden. Auch für Geflügelfüllungen werden Blätter und Blüten verwendet. Schon seit langem sind Veilchen aber vor allem als Dessertzutat beliebt, besonders in Kombination mit Schokolade. Für Gebäck ist im Handel natürliches Veilchenaroma erhältlich.

APROPOS

Dieser Salat eignet sich hervorragend für ein romantisches Dinner. Zwar erfordern das Sammeln und die Zubereitung der Zutaten etwas Geduld, doch zeigen Sie Ihrem Gast damit Ihre tiefe Zuneigung.

❧ 29 ❧

Nori süßsauer
Nehmen Sie ihn mit auf eine Reise

Sich an das Kochen mit Algen zu wagen, zeugt nicht nur von Aufgeschlossenheit
für Neues, sondern auch von Mut, denn es genügt schon eine kleine Unachtsamkeit,
und das Gericht ist verdorben. Durch so ein Missgeschick vergeht einem
die Lust auf Algen vielleicht gänzlich. Gelingt Ihnen das Gericht allerdings,
haben Sie zwei Fliegen mit einer Klappe geschlagen: Sie haben sich als ausgezeichnete
Köchin erwiesen und machen darüber hinaus Ihrem Gast ein besonderes Geschenk,
denn mit dem süßsauren Nori entführen Sie ihn geradewegs in das Land
der aufgehenden Sonne.

Zutaten
Für 2 Portionen

2 EL zerkrümeltes Nori
2 EL Essig
1 Schalotte
Pfeffer
1 Prise gemahlener Zimt
1 EL Puderzucker
2 EL Crème fraîche
1 TL Honig

Abrakadabra …! ❖ Nori und Essig in einen Topf geben. Wasser dazugießen, bis die Mischung dünnflüssig wird. ❖ Bei niedriger Hitze zum Kochen bringen. ❖ Schalotte schälen, hacken und in die Flüssigkeit geben. Mit Pfeffer, Zimt und Puderzucker würzen. ❖ Mischung etwa 8 Min. kochen lassen, bis sie sämig ist. ❖ Unmittelbar vor dem Servieren Crème fraîche und Honig unterrühren.

VORBEREITUNG: 10 Min.
KOCHZEIT: 8 Min.

Wichtig!
Wie alle Algen der Gattungen
Porphyra und Enteromorpha
(Darmtange) muss Nori vor
dem Verzehr gekocht werden.

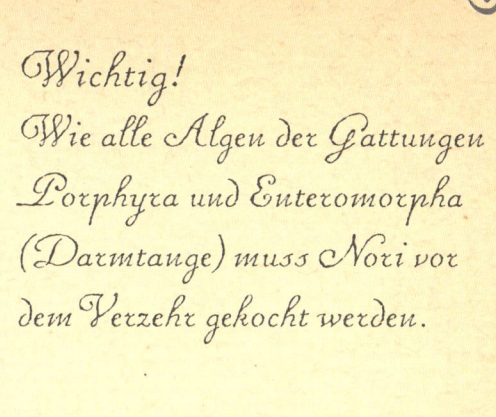

Kleine Hexenfibel

Verwendung: Nori eignet sich zum Verfeinern von Béchamel- und anderen Saucen und als Ersatz für Champignons.

Geschmack: Der intensive, aromatische Geschmack von Nori erinnert an getrocknete Pilze oder Tee. Seine Blätter sind biegsam und dunkelgrün bis schwarz.

Mehr Wissenswertes rund um ... ... Algen

Nori (*Porphyra tenera*) ist die weltweit am meisten konsumierte Algenart und wird vor allem zum Einrollen von Sushi verwendet. Der Handel bietet aber auch diverse andere Algen an, z. B. Arame, Hijiki und Kombu. Achten Sie beim Kauf darauf, dass sich auf der Verpackung ein Hinweis befindet, dass die Algen frei von Schwermetallen, Pestiziden und Chemikalien sind. Spezialisiert auf das Kochen mit Algen ist die japanische Küche, die Gastronomen weltweit inspiriert. In Japan, wo Algen täglich in verschiedenster Form gegessen werden, wird das Gewächs seit Jahrtausenden kultiviert.

SERVIERVORSCHLAG

Süßsaures Nori passt hervorragend zu gegrilltem Fleisch mit Sauce oder zu Gemüse.

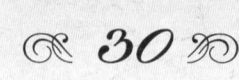

Rührei mit Chili

So erwärmen Sie ihn für sich

Seinen scharfen Geschmack verdankt der Chili (*Capsicum*) dem Alkaloid
Capsaicin, das nicht nur ein schnelles Sättigungsgefühl hervorruft,
sondern auch den Kalorienverbrauch des Körpers im Ruhezustand erhöht.
Dadurch ist es ideal für alle, die auf ihr Gewicht achten. Dem zur Familie der
Nachtschattengewächse (*Solanaceae*) zählenden Chili wird sowohl eine
verdauungsfördernde als auch eine aphrodisische Wirkung nachgesagt.
Erstaunlicherweise sind Vögel immun gegen die brennende Schärfe des Chilis –
Ihr Gast hingegen wird sich vermutlich etwas »den Mund verbrennen« …
Die übrigen Zutaten mildern die Schärfe jedoch ab, schließlich
geht es ja nur darum, Ihren Liebsten für Sie zu »erwärmen«.

Zutaten

Für 4 Portionen

1 Paprikaschote
2 TL Tomatenmark
1 rote Chilischote
80 g geriebener Emmentaler
12 Eier
Salz und Pfeffer

VORBEREITUNG: 5 Min.
KOCHZEIT: 30 Min.

Abrakadabra …! � Stielansatz, Kerne und weiße
Häutchen der Paprikaschote entfernen. Paprika unter
fließendem kalten Wasser waschen und dann kleinschneiden. ✦ Tomatenmark und 50 ml Wasser in einem
Topf glattrühren, Paprika und Chili hinzufügen und bei
mittlerer Hitze 20 Min. köcheln lassen. ✦ Chili entfernen, Käse dazugeben und weiterköcheln lassen. ✦
Eier in einer Schüssel kräftig verquirlen, salzen und
pfeffern. ✦ Über die Paprika-Käse-Mischung gießen
und bei niedriger Hitze unter ständigem, vorsichtigem
Rühren 10 Min. stocken lassen.

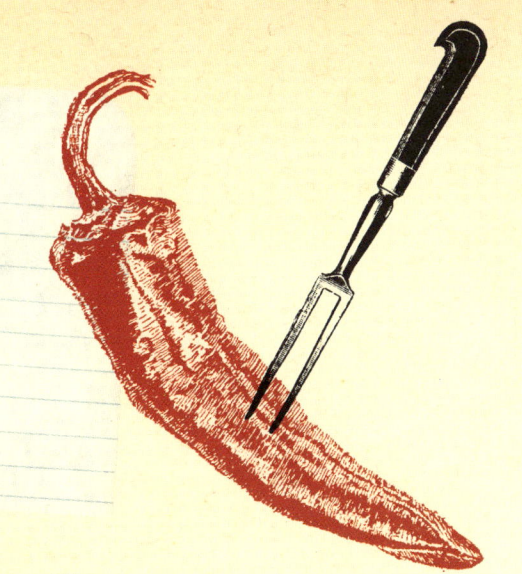

Wichtig!
Das Rührei nur sparsam
salzen und pfeffern, da das
Gericht ohnehin pikant ist.

Kleine Hexenfibel

Beilagen: Zu diesem farbenfrohen Rührei passen Kartoffeln, die das Gericht farblich und aromatisch ausgezeichnet ergänzen.

Capsicum: Chili (*Capsicum*) verleiht Speisen eine besondere Note. Er passt nicht nur zu salzigen oder zu neutralen Gerichten auf Maisbasis, sondern auch zu Schokolade und Tee.

Mehr Wissenswertes rund um ... ... Chili

Als Urform des Chilis gilt die kleine, wildwachsende Tepin, aus der die Azteken durch langwierige Selektion die heutigen Zuchtformen entwickelten. Durch Christoph Kolumbus gelangte die Chilischote nach Europa. Spanier und Portugiesen verbreiteten sie dann auf der ganzen Welt. Seither wird der Chili an den Küsten Afrikas und Indiens, in den tropischen Regionen Asiens, im Südwesten Chinas, in Vorderasien, auf dem Balkan, in Mitteleuropa sowie in Italien kultiviert. Man unterscheidet zwei Arten von Paprika, die beide reich an Vitamin E sind: den milden Gemüsepaprika und den scharfen Gewürzpaprika.

❧ 31 ☙

Algenquiche
Halten Sie sich ruhig bedeckt

Eine Quiche mit Algen hat etwas Geheimnisvolles, denn man weiß nie,
welche Algen verwendet wurden – das bleibt das Geheimnis des Fischers
oder des Kochs bzw. der Köchin. Bei einem intimen Dinner kann selbstverständlich
niemand von Ihnen verlangen, allzu offen zu sein. Wenn Sie jemanden bezirzen möchten,
sollten Sie Ihre Küchengeheimnisse bewahren – halten Sie sich bei der
Algenquiche also ruhig ein wenig bedeckt …

Zutaten

Für 4 Portionen

Für den Teig:
250 g Vollkornmehl
125 g Butter
1/2 TL Salz
2 EL Puderzucker
100 ml Wasser
Butter zum Einfetten der Form

Für den Belag:
2 gehäufte EL Algenflocken
250 ml Wasser
2 Eier
250 ml Sojamilch
40 g Sesamkörner
1 Prise Muskatnuss

VORBEREITUNG 35 Min.
BACKZEIT: 35 Min.

Abrakadabra …! ✵ Algen im Wasser 5 Min. einweichen, abgießen und Flüssigkeit auffangen. ✵ Für den Teig das Mehl in eine Schüssel sieben und Butter in Flöckchen darauf verteilen. In die Mitte eine Mulde drücken. Salz, Zucker und Wasser hineingeben und das Ganze miteinander vermengen. Den Teig 30 Min. ruhen lassen. ✵ Eine eingefettete Form mit dem Teig auslegen. ✵ Backofen auf 180 °C (Umluft 160 °C) vorheizen. ✵ Eier mit Sojamilch, Sesam und Muskat verquirlen, Algen und Einweichwasser hinzufügen und auf den Teig gießen. ✵ Die Algenquiche etwa 35 Min. backen.

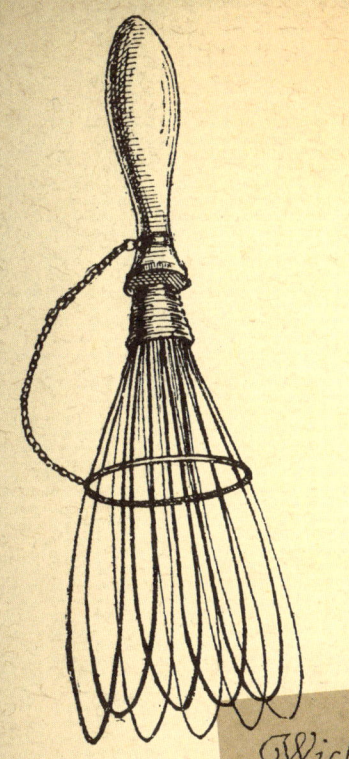

SERVIERVORSCHLAG

❖

Servieren Sie die Algenquiche mit einem Meeresfrüchtesalat, Krebsfleisch oder mit Surimi, das Sie mit Zitronensaft verfeinert haben, oder auch mit Muscheln in einer Schalottenvinaigrette. Alle diese Salate eignen sich übrigens als eigenständige Mahlzeit.

Wichtig!
Schütten Sie das Wasser, in dem die Algen eingeweicht wurden, nicht weg —
Sie benötigen es noch für die Eimasse.

Kleine Hexenfibel

Schnell: Soll es einmal schnell gehen, verwenden Sie fertigen Mürbeteig, der nur ausgerollt werden muss.

Salz: Bei Gerichten mit Algen, die von Natur aus salzig sind, erübrigt sich die Salzzugabe meist; Sie sollten daher vor dem Würzen erst kosten.

Vollkornmehl: Vollkornteig ist weniger elastisch, aber herzhafter als Weißmehlteig.

Noch mehr Wissenswertes rund um ... ... Algen

Süß ist es, einem Geheimnis zu lauschen

Viele Algen eignen sich für die Verwendung in der Küche: der nach Sauerampfer schmeckende Meersalat (*Ulva lactuca*), die süßlich-knackige Dulse (*Rhodymenia palmata*), der kräftig-würzige Nori (*Porphyra tenera*) und die übrigen Algen der Gattung *Porphyra*, die nach Austern schmeckende Wakame (*Undaria pinnatifida*), der fleischig-knackige Kombu (*Laminaria ochroleuca*), die nach Jod schmeckende Meeresbohne (*Himanthalia elongata*) und das aus Rotalgen gewonnene Agar-Agar, der Zuckertang (*Laminaria saccharina*), der Knorpeltang (*Chondrus crispus*) ...

❧ *32* ❧

Kopfsalat
mit Walnuss-Senf

Können Sie seine Signale deuten?

Ein naher Verwandter des Kopfsalats ist der Giftlattich (*Lactuca virosa*).
Ritzt man dessen Stängel oder Blätter ein, sondern sie *Lactucarium* ab,
einen bitteren Milchsaft, der dem des Schlafmohns ähnelt. Der Saft hat eine
beruhigende, schmerzlindernde Wirkung und wurde im 18. Jahrhundert anstelle
von Opium als Schlafmittel und Narkotikum eingesetzt. Auch war er Bestandteil
von Hexensalben, denn es hieß, man sei damit in der Lage, Astralkörper zu sehen.
Um die Signale Ihres Verehrers richtig zu deuten, werden Sie auf derartige
Hilfsmittel wohl kaum angewiesen sein.

Zutaten
Für 4 Portionen

1 Kopfsalat
1 EL Himbeeressig
2 EL Walnussöl
1 TL Walnuss-Senf
Salz und Pfeffer

⏰
VORBEREITUNG: 10 Min.

Abrakadabra …! ❋ Salatblätter vom Strunk lösen, waschen, trockenschleudern und in mundgerechte Stücke zerteilen. ❋ Essig, Öl, Senf, Salz und Pfeffer zu einer Vinaigrette verrühren. ❋ Salat in eine Schüssel geben und Vinaigrette vorsichtig unterheben, bis sämtliche Blätter mit Dressing bedeckt sind und dessen Walnussgeschmack angenommen haben.

Wichtig!
Fügen Sie die Vinaigrette erst unmittelbar vor dem Servieren hinzu, da die Salatblätter sonst zusammenfallen.

Kleine Hexenfibel

Lactuca virosa: Nur die Kulturformen des Giftlattichs können gegessen werden, die Wildformen sind ungenießbar. In Deutschland wird Giftlattich nicht als Gemüse angeboten, doch kann man ihn leicht selbst ziehen.

Kopfsalat: Die Blätter eignen sich als Hülle für kleine Frühlingsrollen.

Wissenswertes rund um ... ... Giftlattich

Die gezackten blaugrünen Blätter des Giftlattichs haben einen leicht bitteren Geschmack. Im Sommer trägt die Pflanze gelbe Blüten und bildet Pusteblumen wie der Löwenzahn. Wegen seiner sedativen Wirkung nannten die Pythagoreer den Giftlattich »Pflanze der Eunuchen«, und man verordnete Giftlattich-Tee gegen Nymphomanie. Für »ein keusches Leben« empfahl Albertus Magnus »mit Lattich und Portulak gewürzte Speisen«.

SERVIERVORSCHLAG

Der Kopfsalat mit Walnuss-Senf schmeckt köstlich zu Käse und Walnussbrot.

❧ 33 ☙

Vollkornbrot
mit Kräuterquark
So locken Sie ihn ins Freie

Eine frische Scheibe Brot lässt uns unwillkürlich an Rast
und wohlverdiente Belohnung denken. Sie schmeckt dem Hirten
in den Bergen genauso wie der abgekämpften Hausfrau, und sie
ist ein einfacher, praktischer Imbiss für Kinder. Eine Scheibe Brot, die
ohne Butter oder Marmelade, vielleicht mit einem Stück Schokolade gegessen wird,
hat so manchen Vorteil – sie hinterlässt keine Flecken auf der Kleidung,
und man kann sie überall zu sich nehmen, draußen wie drinnen.
Wie wäre es damit, im Freien zu essen?

Zutaten
Für 8 Portionen

einige Blätter Gundermann
(*Glechoma hederacea*),
Schafgarbe (*Achillea
millefolium*), Wiesen-
schaumkraut (*Cardamine
pratensis*), etwas Peter-
silie und Schnittlauch
500 g Sahnequark
Salz und Pfeffer
8 dicke Scheiben Vollkornbrot

VORBEREITUNG: 10 Min.

Abrakadabra …! ❀ Kräuter waschen, trockentupfen,
fein schneiden und vermengen. ❀ Kräuter unter den
Quark heben, mit Salz und Pfeffer würzen. ❀ Brotscheiben mit Kräuterquark bestrichen servieren.

Kleine Hexenfibel

Kräuter: Für dieses Rezept können Sie auch andere Wildkräuter Ihrer Wahl verwenden.

Variation: Servieren Sie zu diesem Gericht doch einmal ein oder zwei Scheiben Lachs und Roggenbrot.

Wissenswertes rund um ... ... Brot

In Frankreich sagt man über eine Person, die sich lang und breit zu einem Thema äußert und andere damit langweilt, sie »hat ein Brot geschmiert«. Im Deutschen kennen wir den »Eigenbrötler«, der für sich lebt und wenig Wert auf die Meinung anderer legt. Als es den Bäcker noch nicht als Berufsstand gab, buken die Sippen und später die Einwohner eines Dorfes ihr Brot in einem gemeinsamen Backofen. Nahm jemand stattdessen den eigenen Brotteig oder den eigenen Ofen, war dies ein Eigenbrötler.

SERVIERVORSCHLAG

Köstlich schmeckt Kräuterquark auf geröstetem Brot. Auch eignet er sich hervorragend zum Bestreichen kleiner Blinis (Pfannkuchen), die Sie zum Aperitif reichen können.

Wichtig!
Verwenden Sie einen möglichst cremigen Quark.

❧ 34 ❧

Lachsterrine mit Algen

So holen Sie ihn ins Boot

Eine Vorspeise mit Algen bringt ein Stück Meer ins Haus und schickt die Gedanken auf Reise, schließlich besitzt sie alles, was die Phantasie anregt. Meersalat beispielsweise enthält zehnmal so viel Eisen wie Spinat und verfügt zudem über eine ganze Reihe weiterer wertvoller Eigenschaften: So wirkt er blutreinigend und erhöht die Produktion von Sexualhormonen. Laden Sie Ihren Verehrer doch zu einer kleinen Reise ein und holen Sie ihn zu sich ins Boot …

Abrakadabra …! ❈ Backofen auf 200 °C (Umluft 180 °C) vorheizen. ❈ Fisch häuten, entgräten und pürieren, dabei einige Stückchen ganz lassen. ❈ Zitronensaft, Weißwein und Algen unterrühren. ❈ Eier kräftig verquirlen und Crème fraîche unterheben. Das Ganze mit dem Fisch vermengen. ❈ In eine eingefettete Kastenform füllen und mit Alufolie abdecken. ❈ In einem Wasserbad im Backofen 1 Std. garen. ❈ Die Lachsterrine abkühlen und im Kühlschrank 3 Std. ruhen lassen.

Zutaten
Für 4 Portionen

300 g Lachs
100 g Merlan (Wittling)
    oder Kabeljau
Saft von 1 Zitrone
300 ml Weißwein
2 TL Meersalatflocken
2 Eier
150 g Crème fraîche
Butter zum Einfetten der Form

VORBEREITUNG: 15 Min.
KOCHZEIT: 1 Std.
KÜHLZEIT: 3 Std.

Wichtig!
Servieren Sie das Gericht gut gekühlt, und vergessen Sie nicht, Salz auf den Tisch zu stellen, damit jeder Gast die Terrine nach Belieben würzen kann.

Ulva lactuca

Kleine Hexenfibel

Algen: Köstlich schmeckt dieses Gericht auch mit frischen Algen – vor allem mit Meersalat – anstelle des Fischs. Verwenden Sie 300 g Meersalat und garen Sie ihn 15 Min. lang in kochendem Wasser.

Fischcremesauce: Raffiniert wird dieses Gericht, wenn Sie es mit Fischcremesauce überziehen. Hierzu benötigen Sie etwas Fischbrühe (Fertigprodukt), einige Algenflocken und eine Mehlschwitze aus 100 g Butter und 110 g gesiebtem Mehl.

Wissenswertes rund um ... ... Meersalat

Der Meersalat (*Ulva lactuca*) ist im Atlantik, im Schwarzen Meer und im Pazifischen Ozean zu Hause. Die mild schmeckenden »Blätter« der Grünalge sind biegsam, fein und dunkelgrün, wobei die Färbung vom Chlorophyllgehalt abhängt. Meersalat ist ein guter Energielieferant, enthält er doch achtmal mehr Vitamin C als Orangen, zehnmal mehr Calcium als Milch und zehnmal so viel Magnesium wie Weizenkeime.

SERVIERVORSCHLAG

Servieren Sie die Lachsterrine als Vorspeise auf einem Bett aus Eichblattsalat oder als Hauptgericht zu weißem Reis – einfach himmlisch!

❧ 35 ❧

Fenchelterrine
Berauschen Sie sich an ihm

In den Ritualen der Santería, einer Religion, die vor allem auf Kuba
praktiziert wird, dient Fenchel (*Foeniculum vulgare*) als Bestandteil des *omiero*,
einer Mischung frischer, in Regenwasser zerstampfter Kräuter, die als Heiltrank
und Weihwasser verwendet wird. Im Norditalien des 16. Jahrhunderts bekämpften mit
Fenchelbündeln bewaffnete Zauberer, die sogenannten Benandanti, in einer Art Trance
andere, böse Magier. In Frankreich verstopfte man die Schlüssellöcher mit Fenchel,
um den Abgesandten des Teufels den Zugang zu verwehren. Auch im antiken
Rom sprach man dem Fenchel eine starke, übernatürliche Wirkung zu:
Bei den Bacchusfesten symbolisierte ein Fenchelstängel den Phallus des Bacchus,
dem Gott des Weines, der Trunkenheit und der Ekstase.

Zutaten
Für 4 Portionen

4 Fenchelknollen
Salz und Pfeffer
1 Prise gemahlener Koriander
3 TL Agar-Agar
1 TL geriebener Ingwer
3 Stängel Dill
2 Eier
3 EL Crème fraîche
Butter zum Einfetten der Form
200 g Magerquark
gehackter Kerbel, Estragon
    und Schnittlauch nach
    Geschmack
Saft von 1 Zitrone

VORBEREITUNG: 15 Min.
KOCHZEIT: 65 Min.

Abrakadabra …! ❈ Fenchelgrün unmittelbar über den
Knollen abschneiden und beiseitelegen. ❈ Knollen
halbieren und in kochendem Salzwasser 20 Min. garen.
❈ Backofen auf 200 °C (Umluft 180 °C) vorheizen.
❈ Fenchel abgießen und durch eine Gemüsepresse
drücken. ❈ Mit Salz und Pfeffer würzen und mit
Koriander, Agar-Agar, Ingwer und dem fein geschnitte-
nen Dill vermengen. ❈ Eier und Crème fraîche unter-
rühren. ❈ In eine eingefettete Kastenform füllen und im
Backofen 45 Min. garen. ❈ Quark mit Kräutern und
Zitronensaft verrühren, mit Salz und Pfeffer würzen und
mit Fenchelblättchen bestreut zu der Terrine servieren.

Wichtig!
Die Terrine kann kalt oder
warm serviert werden. Anstelle
der Kräutersauce können
Sie Tomatenpüree dazu reichen.

Wissenswertes rund um ...
... Fenchel

Der Fenchel (*Foeniculum vulgare*) spielt eine wichtige Rolle in den Sitten und Bräuchen verschiedener Kulturen. Bei den Griechen ernährten sich die Athleten von seinen Samen, und in Athen flocht man – wie bei den Römern – Kronen aus Fenchelgrün für die Sieger bei den zirzensischen Spielen und in den Kämpfen. Karl der Große verfügte, dass überall in seinem Reich in Abteien und Gärten Fenchel angebaut wird, damit die Menschen sich davon in Notzeiten und in der Fastenzeit ernähren konnten.

Kleine Hexenfibel

Grün: Das frische Laub der Doldenblütler, zum Beispiel des Kerbels oder des Fenchels, wird als »Grün« bezeichnet.

Agar-Agar: Das Geliermittel, wird aus getrockneten Rotalgen gewonnen. Es erfreut sich vor allem in der japanischen Küche großer Beliebtheit und ist einer der Gründe, warum Japaner so schlank sind.

SERVIERVORSCHLAG

Schneiden Sie die Terrine vor dem Servieren auf, richten Sie die Scheiben auf Tellern an und überziehen Sie sie mit Sauce. Auch Wein passt ausgezeichnet zu diesem Gericht – schließlich ist Fenchel seit langem mit dem Bacchuskult verbunden.

❧ 36 ❧

Schalotten-Flans
mit Pistazien
Offenbaren Sie ihm Ihre Gefühle

Bei Persern und Ägyptern galt die Schalotte (*Allium ascalonicum*) als heilige Pflanze. Sie gehört zu der gleichen Familie wie die Zwiebel, muss im Unterschied zu dieser allerdings gepflanzt werden und bringt keine Samen hervor. Aus gesundheitlicher Sicht besitzt die Schalotte eine Vielzahl von Vorzügen: Sie zählt zu den wenigen Gemüsen, die das Spurenelement Selen enthalten, das als effektives Antioxidationsmittel geschätzt wird. Darüber hinaus weist sie als weiteren Radikalfänger das Flavonoid Quercetin auf sowie Kalium, einen Nährstoff, der zur Prävention von Herz-Kreislauf-Erkrankungen dient. Ein Essen also, das zeigt, dass er Ihnen am Herzen liegt!

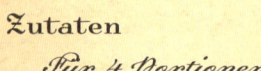

Zutaten

Für 4 Portionen

8 Schalotten
50 g Butter
6 Eier
3 EL Crème fraîche
Salz und Pfeffer
Butter zum Einfetten der
Formen
3 EL geschälte, gesalzene
Pistazien

VORBEREITUNG: 20 Min.
KOCHZEIT: 35 Min.

Abrakadabra …! ✳ Backofen auf 180 °C (Umluft 160 °C) vorheizen. ✳ Schalotten schälen, fein hacken und in der zerlassenen Butter 10 Min. dünsten. ✳ Eier mit 1 EL Crème fraîche kräftig verquirlen und unter die Schalotten mengen. Mit Salz und Pfeffer würzen. ✳ Die Mischung auf 4 kleine, eingefettete Auflaufformen verteilen und in einem Wasserbad im Backofen 25 Min. garen. ✳ Pistazien mit der restlichen Crème fraîche im Mixer pürieren und das Püree bei niedriger Hitze erwärmen. ✳ Flans auf 4 Teller stürzen und mit Sauce überzogen servieren.

Wissenswertes rund um ... ... Schalotten

Die Schalotte (*Allium ascalonicum*) verdankt ihren Namen der Stadt Askalon in Palästina, von wo aus Kreuzfahrer sie im 11./12. Jahrhundert nach Europa gebracht haben sollen. Das Liliengewächs stammt ursprünglich aus Westasien. Unterschieden werden die kupfern bis rosa gefärbte Jersey-Schalotte, die sehr aromatische Graue Schalotte und die der Zwiebel (*Allium cepa*) ähnliche Gelbe Schalotte. Schalotten werden in Deutschland, Frankreich, Ungarn und Spanien angebaut, Weltmarktführer ist Mexiko.

Kleine Hexenfibel

Pistazien, die in großem Stil im Iran, in den USA, der Türkei und in Syrien angebaut werden, schmecken sowohl roh als auch geröstet.

Pistazienöl passt hervorragend zu Avocados, Roter Bete und Räucherfisch.

Wichtig!

Die Häutchen der geschälten Pistazien lassen sich leichter entfernen, wenn die Kerne 1–2 Min. in kochendes und im Anschluss in kaltes Wasser gelegt werden.

APROPOS

Diese ungewöhnliche Kombination aus Schalotten und Pistazien ist ein wunderbarer Auftakt für einen gelungenen Abend zu zweit.

Haupt-speisen

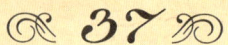

Wachtel-Honigkuchen-Kanapees mit Kirschsauce

So geht er Ihnen auf den Leim

»Meine kleine Wachtel« ist in Frankreich ein beliebter Kosename
für den oder die Liebste. Muss angesichts dessen noch erwähnt werden,
dass die Wachtel dort ein außerordentlich begehrtes Federwild ist?
Wer verliebt ist, spricht das Objekt seiner Begierde gerne in der Verkleinerungsform an.
Was aber hat dies mit dem kleinen Hühnervogel zu tun? Nun, die Chinesische Zwergwachtel
(*Coturnix chinensis chinensis*) mit ihrem Gewicht von 45 bis 70 Gramm und ihrer
Größe von maximal 14 Zentimetern ist der kleinste Hühnervogel der Welt.
Wachteln leben monogam. Das Männchen umwirbt das Weibchen, indem es
ihm Futterbröckchen anbietet, mit aufgestelltem Gefieder herumstolziert
und mit der schwarzweißen Kehle und dem rotbraunen Bauch prahlt –
und schon geht ihm das Weibchen »auf den Leim«.

Zutaten
Für 2 Portionen

1 große rote Zwiebel
1 TL Butter
2 Wachteln
Pfeffer
4 Scheiben Räucherschinken
250 ml Kriek (belgisches
  Kirschbier)
1 Prise Thymian
2 EL Kalbsfond (Fertigprodukt)
200 ml Wasser
150 g Crème fraîche
6 Stück Würfelzucker
3 EL Farinzucker
1 Glas (370 ml) Sauerkirschen
2 Scheiben Honigkuchen
Butter zum Bestreichen

Küchengarn

Abrakadabra …! Backofen auf 200 °C (Umluft 180 °C) vorheizen. Zwiebel schälen, fein hacken und in einem ofenfesten Schmortopf in der zerlassenen Butter 5 Min. dünsten. Wachteln pfeffern, mit je 2 Scheiben Schinken umwickeln und diesen mit Küchengarn befestigen. In den Schmortopf geben und etwa 15 Min. goldbraun braten. Bier auf einmal dazugießen. Thymian, Kalbsfond und Wasser hinzufügen und im Backofen 40 Min. garen. In der Zwischenzeit in einem Topf Crème fraîche, Würfelzucker, Farinzucker und Kirschen samt Saft 15 Min. kochen, bis die Flüssigkeit eindickt. Topf vom Feuer nehmen und beiseitestellen. Honigkuchen rösten und mit Butter bestreichen. Wachteln darauf anrichten, mit Sauce überziehen und mit je 1 EL Kirschen garnieren. Die Wachtel-Honigkuchen-Kanapees mit einem gut gekühlten Kriek servieren.

Wichtig!
Die Wachteln erst unmittelbar vor dem Servieren auf dem Honigkuchen anrichten, damit die Scheiben knusprig bleiben.

⏰ VORBEREITUNG: 10 Min.
KOCHZEIT: 60 Min.

Kleine Hexenfibel

Kriek ist eine belgische Bier-
spezialität aus Sauerkirschen,
die 4–8 Monate lang in Lam-
bic, einem ohne Zusatz von
Hefe gebrauten Bier, mazeriert
werden.

Schaerbeek-Kirschen werden
im Norden Belgiens kultiviert.
Die saftige Sauerkirschensorte
findet bei der Herstellung von
Kriek Verwendung. Daher
schmeckt die Sauce besonders
köstlich, wenn Sie sie mit
Schaerbeek-Kirschen zube-
reiten; es eignen sich aber
auch Schattenmorellen.

Wissenswertes rund um ... ... Wachteln

Die Europäische Wachtel
(*Coturnix coturnix*) ist ein
Zugvogel und bevölkert ab Mai
unsere Getreidefelder. Ihre
Jungen sind Nestflüchter und
bereits nach 19 Tagen flug-
fähig. In der Bibel erhört Gott
das Klagen der Israeliten bei
ihrem Auszug aus Ägypten,
indem er ihnen Manna und
Wachteln als Speise in die
Wüste schickt. In der Natur ist
dieser Wildvogel, der sich von
Sämereien und Insekten
ernährt, wegen des Einsatzes
von Pestiziden immer seltener
anzutreffen.

APROPOS

Das Rot der Kirschen
harmoniert wunderbar mit
dem Goldgelb des Honig-
kuchens, und die verfüh-
rerische Wachtel auf dem
Kanapee regt die Phantasie
jedes ungeduldigen
Liebhabers an.

38

Gefüllte Crêpes mit Beifuß

Suchen Sie einen Beschützer?

Der Gewöhnliche Beifuß (*Artemisia vulgaris*), auch Gänsekraut, Krähenfuß oder Jungfernkraut genannt, wird von Juli bis Oktober gesammelt. Er verleiht Speisen eine delikate Note. Auch ist man vor Gefahren geschützt, wenn man Beifuß im Hause hat, heißt es. Bei Albertus Magnus steht zu lesen: »Wer darauf achtet, stets ein wenig von diesem Kraut bei sich zu tragen, muss weder die bösen Geister noch Gift noch Wasser noch Feuer fürchten, und nichts, was ihm schaden könnte.« Ein perfekter »Leibwächter« also …

Zutaten
Für 2 Portionen

400 g Hähnchenbrustfilet
500 ml Wasser
1 Stängel Ysop (*Hyssopus officinalis*)
1 Zwiebel
300 g Champignons
1 1/2 EL Butter
Salz und Pfeffer
3 EL Mehl
500 ml Milch
1 EL gehackter Beifuß
2 Msp. gemahlener Kümmel
Saft von 1 Zitrone
100 g Crème fraîche
100 g frisch geriebener Cantal
6 Crêpes

VORBEREITUNG: 20 Min.
KOCHZEIT: 65 Min.

Abrakadabra …! ❖ Hähnchenbrust im Wasser mit Ysop 20 Min. pochieren. ❖ In der Zwischenzeit die Zwiebel schälen und fein hacken. Champignons kurz unter fließendem kalten Wasser waschen und in Scheiben schneiden. ❖ Zwiebel in 1/2 EL zerlassener Butter 10 Min. dünsten, Champignons hinzufügen und 10 Min. braten. Mit Salz und Pfeffer würzen und beiseitestellen. ❖ Die restliche Butter erhitzen, Mehl dazugeben und Milch nach und nach angießen. Unter ständigem Rühren 10 Min. kochen, dann 4 EL Sauce abnehmen. ❖ Backofen auf 180 °C (Umluft 160 °C) vorheizen. ❖ Hähnchenbrust in Scheiben schneiden. Beifuß, Kümmel, Zitronensaft, Crème fraîche und 75 g Cantal hinzufügen und vermengen. ❖ Champignon- und Hähnchenmischung in die Sauce rühren und auf den Crêpes verteilen. Crêpes aufrollen und in eine ofenfeste Form schichten. Mit der abgenommenen Sauce beträufeln, den restlichen Käse darüberstreuen und unter dem Backofengrill etwa 15 Min. gratinieren.

Wichtig!

Denken Sie daran, einen Strauß Beifuß über Ihre Haustür zu hängen, dann können Ihnen weder Stürme noch Gift etwas anhaben.

Mehr Wissenswertes rund um ... ... Pilze

Ebenso ungewöhnlich wie ihre Form sind mitunter die Namen der Pilze. Man denke nur an den Flaschenstäubling (*Lycoperdon perlatum*) und den säuerlichen Semmelstoppelpilz (*Hydnum repandum*) mit seinem orangefarbenen Hut. Nicht zu vergessen der Austernseitling (*Pleurotus ostreatus*), der auf Baumstümpfen gedeiht, und, unter den Giftpilzen, der Fliegenpilz (*Amanita muscaria*) sowie der Pantherpilz (*Amanita pantherina*), die beide lebensgefährliche Vergiftungen verursachen können.

Kleine Hexenfibel

Variation: Sie können die Champignons durch Boviste, kugelfömige Pilze mit kurzem Stiel, ersetzen. Ihr weißes Fruchtfleisch schmeckt roh oder gekocht vorzüglich. Allerdings müssen Sie die Boviste sofort zubereiten, da sie sonst braun und ungenießbar werden.

Ysop: *Hyssopus officinalis* hat einen festen Platz in den Klostergärten. Man erkennt ihn an den ährenförmigen, violetten, blauen, weißen oder rosafarbenen Blüten.

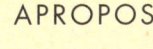

APROPOS

Sie können die Crêpes auch selbst zubereiten: Dazu 125 g Mehl vorsichtig mit 1 Prise Salz, 2 Eiern und 30 g zerlassener Butter vermengen. Nach und nach 500 ml Milch unterrühren und den Teig 30 Min. ruhen lassen.

❧ 39 ❧

Pute »Diabolo«
Wecken Sie seine teuflische Seite

Seit Karl IX. sich 1570 mit Elisabeth von Österreich vermählte,
schätzt man das Fleisch der Pute oder Truthenne (*Meleagrididae*) auch in Frankreich.
Nachdem der König entdeckt hatte, wie vorzüglich ihr Fleisch schmeckt,
ordnete er höchstselbst an, dass »man dieses Tier in Frankreich züchten muss«.
Ein wahrhaft königliches Mahl also für Ihren Gast – allerdings dürfte ihm bei dieser
»teuflischen« Pute sein engelsgleiches Lächeln abhanden kommen …

Zutaten

Für 4 Portionen

4 Putenschnitzel
Olivenöl zum Beträufeln
Salz und Pfeffer
4 TL scharfer Senf
250 g Reis
250 g enthülste Erbsen
20 g Butter
1 rote Paprikaschote
1 Knoblauchzehe
einige Safranfäden

⏰

VORBEREITUNG: 20 Min.
KOCHZEIT: 30 Min.

Abrakadabra …! ❈ Backofen auf 200 °C (Umluft 180 °C) vorheizen. ❈ Putenschnitzel in eine ofenfeste Form legen, mit Olivenöl beträufeln und mit Salz und Pfeffer würzen. ❈ Im Backofen 15 Min. garen, nach 10 Min. wenden. ❈ Schnitzel mit Senf bestreichen und weitere 15 Min. in den Backofen geben. ❈ In der Zwischenzeit den Reis in kochendem Salzwasser 10 Min. garen. ❈ Erbsen in ausreichend Salzwasser 10 Min. kochen. ❈ In einer Pfanne die Butter zerlassen, die in Streifen geschnittene Paprikaschote und den zerdrückten Knoblauch 8 Min. darin dünsten. ❈ Reis und Erbsen abgießen und in die Pfanne geben. Safran hinzufügen und alles gut vermengen. Gemüsereis in eine vorgewärmte Schüssel geben und Putenschnitzel darauf anrichten.

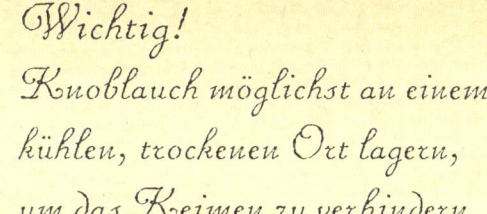

Wichtig!
Knoblauch möglichst an einem
kühlen, trockenen Ort lagern,
um das Keimen zu verhindern.

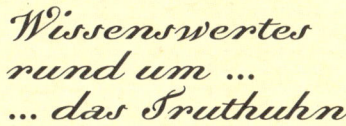

Kleine Hexenfibel

Safran: Anfang des 20. Jahrhunderts lag das Zentrum der europäischen Safranproduktion in der französischen Gemeinde Boynes, die sich nun des weltweit einzigen Safranmuseums rühmt. Heute ist der Iran der weltweit größte Safranproduzent.

Pute: Das angeblich von Christoph Kolumbus nach Europa importierte Geflügel ist stets ein Genuss – das zeigt schon diese »teuflische Pute«.

Wissenswertes rund um ... ... das Truthuhn

Schon der französische Gastronom Jean-Anthelme Brillat-Savarin (1755–1826) schätzte den Vogel: »Die Pute ist zweifelsohne das schönste Geschenk, das die Neue Welt der Alten Welt gemacht hat.«

Safranblüten

❦ 40 ❧

Gebratene Pute
Sind Sie die Einzige für ihn?

Das uns vertraute Haustruthuhn stammt vom Wildtruthuhn ab.
Interessant ist es nicht nur wegen des herrlichen Weihnachtsbratens,
den wir aus ihm bereiten, sondern auch wegen seines Verhaltens.
Das polygame Truthuhn erreicht mit einem Jahr die Geschlechtsreife und
geht niemals dauerhafte »Beziehungen« ein. In der Regel ist ein Truthahn
von fünf Weibchen umgeben – ein richtiger Harem also! Steht bei Ihrem Liebesmahl
Pute auf der Speisekarte, sollten Sie daher auf die Reaktion Ihres Gegenübers achten.
So erfahren Sie schnell, ob Sie die einzige Frau in seinem Leben sind
oder ob er Sie für eine Pute hält.

Zutaten

Für 6 Portionen

1 Pute (3,5 kg)
30 g Butter
Salz und Pfeffer

VORBEREITUNG: 10 Min.
GARZEIT: 2,5 Std.

Abrakadabra …! ❖ Backofen auf 200 °C (Umluft 180 °C) vorheizen. ❖ Pute in einen Bräter legen, mit Butter bestreichen und mit Salz und Pfeffer würzen. ❖ Bräter mit Alufolie abgedeckt in den Backofen geben. ❖ Pute nach 30 Min. mit Bratfond begießen, Temperatur auf 180 °C (Umluft 160 °C) herunterschalten und den Braten etwa 2 Std. fertig garen. Pute dabei alle 30 Min. mit Bratflüssigkeit begießen. ❖ Während der letzten Stunde die Alufolie abnehmen. Fleisch 5 Min. vor Ende der Garzeit zum letzten Mal begießen. ❖ Pute auf einer Servierplatte anrichten, mit Alufolie abdecken und vor dem Tranchieren 15 Min. ruhen lassen. ❖ Köstlich schmeckt dazu Kartoffel-Anis-Chutney (Seite 22).

Wichtig!
Gebratene Pute kann durchaus ohne die traditionelle Füllung zubereitet werden, z. B. wenn man sie mit Kartoffel-Anis-Chutney (Seite 22) serviert.

Mehr Wissenswertes rund um ... ... das Truthuhn

Das Truthuhn (*Meleagrididae*) wird wegen seines Fleisches geschätzt, genießt sonst aber einen eher schlechten Ruf. Es gilt als feige, weil es beim kleinsten Geräusch die Flucht ergreift und sofort in Deckung geht, wenn etwas über seinen Kopf fliegt. Sein Gang ist langsam und seine Bewegungen wirken ungelenk. Das Kollern der Pute hat den französischen Komponisten Robert Planquette 1877 zu der Operette *Die Glocken von Corneville* inspiriert und Jules Renard schreibt in seinen *Naturgeschichten* über die »vor lauter Dünkel kollernde Pute«: »Hochwohlgeborene Pute ... wären Sie eine Gans, so würde ich, wie einst Buffon es tat, mit einer ihrer eigenen Federn eine Lobrede auf Sie schreiben, aber leider sind Sie bloß eine Pute.«

Kleine Hexenfibel

Garzeit: Rechnen Sie pro 500 g Gewicht 20 Min. Garzeit und geben Sie noch 15 Min. dazu.

Garprobe: Um festzustellen, ob die Pute gar ist, stechen Sie in die Keule. Tritt ein klarer Saft aus, ist das Fleisch fertig.

SERVIERVORSCHLAG

Servieren Sie die gebratene Pute mit Kartoffel-Anis-Chutney, bedarf es keiner weiteren Beilagen – sie ist auch so ein wahrer Festschmaus, der ihren Magen jedoch nicht über Gebühr strapaziert ...

❧ 41 ❧

Mariniertes Lachsfilet mit Lavendel

Um zusammen alt zu werden

Der Echte Lavendel (*Lavandula angustifolia*) mit seinen ährenförmigen, violetten, weißen oder rosafarbenen Blüten und dem kampferartigen Duft ist wohlbekannt. Er gedeiht auf trockenen Böden und kann über einen halben Meter hoch werden. Man schätzt ihn vor allem, weil er Schädlinge wie Milben und Läuse vertreibt. In der Küche werden Lavendelblüten für Tees, Quiches, Mousse und Gebäck verwendet. Lavendel ist überdies eine sehr symbolträchtige Pflanze, feiert man doch am 46. Hochzeitstag die sogenannte Lavendelhochzeit – ein Datum, das Sie sich merken sollten!

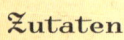

Zutaten
Für 5 Portionen

1 Handvoll Lavendelblüten
1 Lachsfilet (600 g)
50 g Meersalz
50 g Zucker
frisch gemahlener Pfeffer
    nach Geschmack
6 EL Olivenöl
Saft von 1/2 Zitrone
1 Prise Salz

VORBEREITUNG: 5 Min.
MARINIERZEIT: 30 Min.
ZIEHZEIT: 24 Std.

Abrakadabra …! ❈ Je 1 TL Lavendelblüten für die Vinaigrette sowie zum Garnieren beiseitelegen. ❈ Lachsfilet in eine tiefe Schale geben, mit Meersalz, Zucker, Pfeffer und Lavendel bestreuen und im Kühlschrank 30 Min. marinieren. ❈ 2 EL Öl mit Zitronensaft, Pfeffer, Salz und 1 TL Lavendelblüten zu einer Vinaigrette verrühren. ❈ Lachs mit kaltem Wasser abspülen und trockentupfen, auf eine Platte legen und mit dem restlichen Öl beträufeln. ❈ Lachs und Vinaigrette im Kühlschrank 24 Std. durchziehen lassen. Den Fisch nach 12 Std. wenden. ❈ Das marinierte Lachsfilet in Scheiben schneiden, mit Vinaigrette beträufeln und mit den restlichen Lavendelblüten garniert zu neuen Kartoffeln servieren.

Wissenswertes rund um ... ... den Lachs

Lachse (*Salmonidae*) schlüpfen im Süßwasser und wandern dann ins Meer, wo sie einige Jahre leben. Zur Ablage und Befruchtung der Eier kehren sie ins Süßwasser zurück. Da diese Wanderung sehr anstrengend ist, sterben die Fische meist danach. Der Atlantische Lachs (*Salmo salar*) jedoch kehrt manchmal ins Meer zurück und laicht ein weiteres Mal.

Wichtig!

Wenn Sie am Vortag mit der Zubereitung des Gerichts beginnen, sollten Sie als Erstes den Lachs entgräten.

APROPOS

Dieses Gericht lässt sich wie ein Gemälde auf den Tellern anrichten: Die Lachsscheiben sind Inseln, die Kartoffeln Felsen und Dünen, die Sauce das Meer und die Lavendel-blüten sind die Blumen, die Robinson Ihnen schenkt.

Kleine Hexenfibel

Anrichten: Bringen Sie die Lachsscheiben in eine runde Form und legen Sie die Kartoffeln um den Fisch herum.

Ungenießbar: Verwenden Sie die Lavendelstängel nur als Dekoration, denn sie sind ungenießbar.

❧ 42 ❧
Kaninchen in Kakao
So finden Sie Ihr Glück

Schokolade ist nicht nur eine Gaumenfreude – die aus Kakao gewonnene
Köstlichkeit regt den Körper auch zur Produktion von Endorphinen an,
den sogenannten Glückshormonen. Da Endorphine euphorisierend wirken,
sagt man Schokolade aphrodisierende Eigenschaften nach.
Wozu also lange nach dem Glück suchen?

Zutaten

Für 6 Portionen

1 Stange Staudensellerie
3 Karotten
2 Zwiebeln
4 Gewürznelken
1 Kaninchen (1,5 kg), zerteilt
100 g reines Kakaopulver
1 Kräutersträußchen
    (Petersilie, Thymian,
    Lorbeerblatt)
1 l Weißwein
2 EL Öl
120 g Butter
Salz und Pfeffer
60 g Mehl
40 g reines Kakaopulver
rote Johannisbeeren zum
    Garnieren

VORBEREITUNG: 45 Min.
MARINIERZEIT: 12 Std.
GARZEIT: 90 Min.

Abrakadabra …! ❀ Sellerie und Karotten schälen, waschen und in Würfel schneiden. Zwiebeln schälen und mit Nelken spicken. ❀ Kaninchen in Kakaopulver wenden. ❀ Fleisch mit Sellerie, Karotten, Zwiebeln und Kräutersträußchen in eine Schüssel geben. Wein und Öl hinzufügen, Schüssel abdecken und zum Marinieren mind. 12 Std. in den Kühlschrank stellen. ❀ Fleisch mit einem Schaumlöffel herausheben und beiseitestellen. ❀ Marinade in einem Topf bei mittlerer Hitze 30 Min. einkochen. Kräutersträußchen entfernen. ❀ Backofen auf 200 °C (Umluft 180 °C) vorheizen. Fleisch in einem ofenfesten Schmortopf in 60 g Butter anbraten und mit Salz und Pfeffer würzen. ❀ Marinade hinzufügen, Deckel auflegen und 1 Std. im Backofen garen. ❀ Die restliche Butter 5 Min. vor Ende der Garzeit mit einer Gabel weichkneten, Mehl und Kakao untermengen. ❀ Fleisch aus dem Topf nehmen und auf einer vorgewärmten Platte anrichten. ❀ Sauce bei niedriger Hitze mit der Mehl/Kakao-Butter binden. ❀ Kaninchen mit Sauce überziehen und mit Johannisbeeren garniert servieren.

Kleine Hexenfibel

Deko: Zum Garnieren können Sie ohne weiteres auch tiefgefrorene Johannisbeeren verwenden.

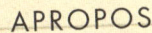

Das Kaninchen steht für Fruchtbarkeit, die Schokolade für Wohlbefinden – ein absolutes Glücksrezept also!

Wissenswertes rund um ... ... Kakao

Kakaopulver wird aus gerösteten Kakaobohnen gewonnen, den Samen des in Südamerika beheimateten Kakaobaums (*Theobroma cacao*). Mit Wasser und Gewürzen vermischt, brauten die Azteken hieraus ein bitteres Getränk. Die Bezeichnung *Theobroma*, »Götterspeise«, stammt von dem schwedischen Naturforscher Carl von Linné.

Wichtig!
Beginnen Sie bereits am Vortag mit der Zubereitung dieses Gerichts, damit das Fleisch das Aroma der Marinade gut annimmt.

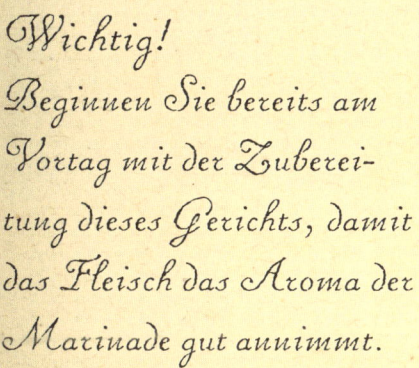

❧ 43 ❧

Scharfer Seewolf
So halten Sie Kurs

Der Gestreifte Seewolf (*Anarhichas lupus*) ist preiswerter als der
Wolfsbarsch (*Dicentrarchus labrax*), weil sein Fleisch nicht ganz so fein ist.
Dafür regt er die Phantasie stärker an als der Barsch, denn man denkt bei
seinem Namen fast zwangsläufig an den Protagonisten des Romans *Der Seewolf* von
Jack London. Besonders empfehlenswert ist das Rezept also, wenn Sie ein
Rendezvous mit einem Seemann haben, der – sollten Sie vom Kurs abkommen –
das Ruder sicherlich herumzureißen weiß.

Zutaten

Für 2 Portionen

1 Knoblauchzehe
1 Zwiebel
1 rote Chilischote
2 Tomaten
2 EL Sonnenblumenöl
1 EL Weinessig
1 EL Akazienhonig
Salz und Pfeffer
300 g Seewolf
   (Loup atlantique)
1 TL gehackter Kerbel

VORBEREITUNG: 15 Min.
KOCHZEIT: 20 Min.

Abrakadabra …! ❈ Knoblauch und Zwiebel schälen und
fein hacken. Chili entkernen und kleinschneiden. ❈
Tomaten häuten und würfeln. ❈ In einer Pfanne das Öl
erhitzen und Zwiebel, Knoblauch und Chili darin einige
Min. anbraten. Tomaten, Essig und Honig hinzufügen
und mit Salz und Pfeffer würzen. ❈ Deckel auflegen und
bei niedriger Hitze 10 Min. köcheln lassen. ❈ Fisch in die
Pfanne geben und das Ganze weitere 10 Min. garen. ❈
Mit Kerbel bestreut servieren.

SERVIERVORSCHLAG

Köstlich schmeckt Seewolf
mit geschmolzenen
Zwiebeln (Seite 30).

Kerbel

Wichtig!
Das Gericht schmeckt
auch ausgezeichnet, wenn
Sie es mit Goldbrasse
(Dorade) zubereiten.

Kleine Hexenfibel

Tomaten lassen sich leichter häuten, wenn sie 30 Sek. in kochendes Wasser gelegt und anschließend mit kaltem Wasser abgeschreckt werden.

Knoblauch jederzeit gebrauchsfertig zur Hand zu haben, ist ganz einfach möglich, indem Sie die zerkleinerten Zehen einfrieren. Geschmack und Konsistenz werden dadurch nicht beeinträchtigt.

Wissenswertes rund um ... ... den Seewolf

Der Gestreifte Seewolf (*Anarhichas lupus*), auch Katfisch genannt, ist vom Norden Großbritanniens bis zur Arktis anzutreffen. Oft wird er mit dem Wolfsbarsch (*Dicentrarchus labrax*) verwechselt, der sich wiederum nur geringfügig vom Gefleckten Seebarsch (*Dicentrarchus punctatus*) unterscheidet. Der langgestreckte, graue Wolfsbarsch wird bis zu 1 m lang und bevorzugt Gebiete mit starker Strömung. Ständig lauert der gefräßige Räuber – das altgriechische *labrax* heißt so viel wie »gefräßig« – auf Beute, auf die er sich dann blitzartig stürzt.

❧ 44 ❧

Nudeln mit Hähnchen-Tomaten-Sauce

Wenn die Liebe Sie trifft

Die Tomate, deren botanischer Name *Solanum lycopersicum* lautet, gehört zur
Familie der Nachtschattengewächse (*Solanaceae*). Das griechische *lycopersicum*
bedeutet so viel wie »Wolfspfirsich«. Daneben hat die Pflanze eine ganze Reihe
weiterer, volkstümlicher Namen wie Liebesapfel, Goldapfel, Paradiesapfel …
Ein wahres Liebesgericht also, das seine Wirkung bestimmt nicht verfehlen wird.

Zutaten
Für 4 Portionen

1 Zwiebel
2 Knoblauchzehen
100 g roher Schinken
200 g Hähnchenbrustfilet
5 Stängel Petersilie
5 Salbeiblätter
5 Rosmarinzweige
1 EL Butter
3 EL Olivenöl
4 Tomaten
8 cl Portwein
Salz und Pfeffer
400 g Nudeln
frisch geriebener Parmesan
   nach Geschmack

VORBEREITUNG: 20 Min.
KOCHZEIT: 1 Std.

Abrakadabra …! ❧ Zwiebel und Knoblauch schälen und fein hacken. Schinken und Hähnchenbrust kleinschneiden. ❧ Kräuter waschen, je 2 Stängel zum Garnieren beiseitelegen und den Rest hacken. ❧ Butter und Öl in einer hochwandigen Pfanne erhitzen und Zwiebel darin 10 Min. anbräunen. Knoblauch und die kleingeschnittenen Tomaten dazugeben und 5 Min. garen. ❧ Schinken und Fleisch hinzufügen, Portwein angießen und mit Pfeffer würzen. Bei niedriger Hitze 30 Min. kochen. ❧ Kräuter darüberstreuen und nochmals 15 Min. köcheln lassen. Gegebenenfalls mit Salz abschmecken. ❧ In der Zwischenzeit die Nudeln in Salzwasser 8–10 Min. bissfest garen. ❧ Hähnchen-Tomaten-Sauce in eine Schüssel füllen. ❧ Nudeln abgießen und darübergeben. ❧ Mit den restlichen Kräutern garnieren und sofort servieren. ❧ Dazu Parmesan reichen.

SERVIERVORSCHLAG

— ❋ —

Servieren Sie als Aperitif den Portwein, mit dem Sie das Gericht aromatisiert haben, und decken Sie den Tisch in kräftigem Tomaten- oder Kirschrot – so wird Ihr Mahl zu einem Fest für Augen, Herz und Gaumen …

Wissenswertes rund um ... ... Tomaten

Die Tomate (*Solanum lycopersicum*) wurde Ende des 15. Jahrhunderts von Christoph Kolumbus aus Südamerika nach Europa gebracht. Früher glaubte man, sie sei giftig. Man misstraute der roten Farbe und verzehrte die Frucht lieber grün. Tomaten müssen durchaus nicht rot und rund sein, es gibt auch weiße, gelbe, schwarze, orange- und rosafarbene, violette, ja sogar gestreifte, längliche, kirsch- oder herzförmige …

Wichtig!
Im Allgemeinen muss das Gericht beim Kochen nicht gesalzen werden, da der Schinken bereits salzig ist.

Kleine Hexenfibel

Tomate: Verwenden Sie am besten kleine, runde, feste Tomaten, die nur wenige Kerne besitzen. Wenn Sie längliche Tomaten nehmen, sollten diese möglichst saftig und reif sein.

Öl: Für Gerichte mit Nudeln und Fleisch verwenden Sie am besten Pflanzenöl (Oliven-, Sonnenblumen- oder Erd- nussöl) da es leichter verdau- lich ist als tierisches Fett.

Bissfest: Um den Geschmack der Tomaten zu bewahren, sollten sie – wie Nudeln – bissfest gekocht werden. Dazu genügt es, sie 3 Min. in kochendes Salz- wasser zu legen und anschließend in Eiswasser abzu- schrecken, damit der Garvorgang gestoppt wird und ihre Farbe erhalten bleibt.

❧ 45 ❧

Nudeln mit
Lachs und Meersalat

Bringen Sie ihn zum Staunen

Zwar kann jeder, der etwas Erfahrung besitzt, dieses Rezept nachkochen,
doch sollten Sie das Geheimnis Ihrer Kochkunst für sich behalten.
Immerhin klingt es doch phantastisch, seinem Gast einen Meersalat anzubieten.
Woher sollte er wissen, dass es sich nicht um einen frisch geernteten Salat,
sondern um Algenflocken handelt? Was zählt, ist das Ergebnis, diese herrliche
Kombination von frischen Nudeln und Fisch. Phantastisch sind auch die Mengenangaben,
denn hier regiert die 4, eine echte Erfolgszahl … jedenfalls für dieses Rezept.
Speisen Sie mit Ihrem Verehrer also unter 4 Augen!

Zutaten

Für 4 Portionen

Salz
400 g frische Nudeln
4 TL getrockneter Meersalat
(*Ulva lactuca*)
4 Stangen Porree
(ohne das Grün)
4 Scheiben (480 g) Lachs
4 EL Crème fraîche
4 TL Zitronensaft

VORBEREITUNG: 10 Min.
KOCHZEIT: 15 Min.

Abrakadabra …! ▨ Wasser in einem großen Topf zum Kochen bringen und salzen. Nudeln hinzufügen und 5 Min. kochen. ▧ Meersalat in einen Schmortopf mit 300 ml Wasser geben und den fein geschnittenen Porree darin bei mittlerer Hitze 5 Min. dünsten. ▧ Den entgräteten, in Streifen geschnittenen Lachs hinzufügen und 5 Min. garen. Crème fraîche und Zitronensaft vorsichtig unterrühren. ▧ Nudeln abgießen, mit Lachssauce mischen und sofort servieren.

Wichtig!

Geben Sie den Lachs erst in den Schmortopf, wenn das Wasser vollständig verdampft ist.

SERVIERVORSCHLAG

Da die Algen recht salzig sind, sollten Sie das Gericht vor dem Salzen probieren. Servieren Sie zur Abrundung einen leichten, prickelnden Weißwein.

Kleine Hexenfibel

Forelle: Der Lachs kann durch geräucherte Forelle ersetzt werden.

Meersalat: Der pikante Geschmack des Meersalats erinnert an Sauerampfer.

Algen: Frische Algen müssen 2–3-mal gewaschen werden. Das Wasser bei jedem Durchgang erneuern.

Symbolik: Die Zahl 4 steht für Festigkeit und die materielle Welt, für die vier Elemente, die Himmelsrichtungen, die Jahreszeiten …

Mehr Wissenswertes rund um … … Meersalat

Der Meersalat (*Ulva lactuca*) ist eine Grünalge, die auf felsigem Grund oder großen Kieselsteinen wächst. Er besitzt einen blattartigen, hauchdünnen, hellgrünen Thallus (Vegetationskörper niederer Pflanzen), der wie die Blätter eines Kopfsalats aussieht. Wer Lust dazu hat, sammelt ihn selbst am Strand. Ansonsten ist der Meersalat auch beim Fischhändler und in Naturkostläden erhältlich.

Meersalat

❧ 46 ☙
Muschelnudelsalat mit Rucola und Kiwi

Gönnen Sie ihm eine Verjüngungskur

Die Kiwi (*Actinidia deliciosa*) besitzt eine Reihe wertvoller Eigenschaften: Sie ist kalorienarm (61 kcal/100 g) und deckt mit 71 mg Vitamin C je 100 g fast den gesamten Tagesbedarf an Vitamin C. Eine einzige Kiwi mit einem Gewicht von 110 bis 120 g – das entspricht geschält etwa 100 g – entspricht also beinahe der gesamten empfohlenen Tagesmenge. Nimmt man noch den nicht unbeträchtlichen Gehalt an Vitamin E (4 mg/100 g) in den kleinen Kernen hinzu, ist dafür gesorgt, dass Sie in Bestform bleiben. Dank der antioxidativen Wirkung der Kiwi ist dieses Gericht ein wahrer Jungbrunnen für Ihren Liebsten.

Zutaten

Für 4 Portionen

350 g Conchiglioni
 (große Muschelnudeln)
Salz und Pfeffer
2 EL Basilikumöl
4 Tomaten
50 g Wilde Rauke
 (*Diplotaxis tenuifolia*)
2 Avocados
Saft von ¹/₂ Zitrone
2 Kiwis
6 EL Olivenöl
2 EL Balsamico-Essig
150 g geschälte Garnelen
1 Knoblauchzehe

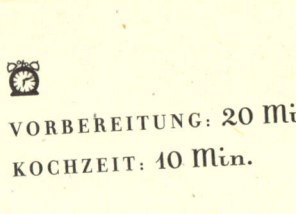

VORBEREITUNG: 20 Min.
KOCHZEIT: 10 Min.

Abrakadabra …! ❈ Nudeln in Salzwasser 8–10 Min. bissfest kochen. ❈ Abgießen, mit Basilikumöl beträufeln, gut vermengen und abkühlen lassen. ❈ Tomaten 30 Sek. überbrühen, Haut abziehen, Fruchtfleisch vierteln und entkernen. ❈ Rauke waschen, trockenschleudern und fein schneiden. ❈ Avocados schälen, Fruchtfleisch in Würfel schneiden und mit Zitronensaft beträufeln. ❈ Kiwis schälen und würfeln.

Öl und Essig in einer Schüssel verrühren und mit Salz und Pfeffer würzen. Einen Teil des Dressings abnehmen. ❈ Nudeln, Tomaten, Rucola, Avocados, Kiwis, Garnelen und den durchgedrückten Knoblauch in die Schüssel geben. ❈ Den Muschelnudelsalat mit dem restlichen Dressing servieren.

Kleine Hexenfibel

Variation: Sie können die Rauke auch durch Feldsalat ersetzen.

Augenschmaus: Dieser farbenfrohe Salat ist nicht nur ein Gaumen-, sondern auch ein Augenschmaus.

Wichtig!
Schichten Sie die Zutaten genau in der im Rezept angegebenen Reihenfolge in die Schüssel und vermischen Sie den Salat nicht, damit die einzelnen Farbschichten zur Geltung kommen.

Wissenswertes rund um ... ... Kiwis

Die Kiwi (*Actinidia deliciosa*), auch Chinesische Stachelbeere genannt, wird in Neuseeland, Nordamerika, Japan und Chile kultiviert. Frankreich ist – nach Italien – der zweitgrößte europäische Erzeuger. Es gibt zwei große Sorten dieser Frucht: die grüne Kiwi mit graubrauner, pelziger Schale und hellgrünem, von kleinen schwarzen Kernen durchsetztem Fruchtfleisch und die Goldkiwi (oder gelbe Kiwi) mit brauner, fast glatter Schale und goldgelbem, süßlichen Fruchtfleisch.

APROPOS

Dieser frische, bunte Salat eignet sich ebenso als Vorspeise wie als Hauptgericht und wird vor allem an warmen Sommerabenden großen Anklang finden.

❧ 47 ❧

Tagliatelle mit Muscheln
Entführen Sie ihn aus Meer

Muscheln auf einem Bett aus Tagliatelle – das ist wie ein Ausflug in eine zauberhafte, unbekannte Küstenlandschaft. Man fühlt sich an Jean-Antoine Watteaus berühmtes Gemälde *Die Einschiffung nach Cythera* aus dem Jahr 1717 erinnert und würde am liebsten ebenfalls auf der Stelle in See stechen. Also, machen Sie die Leinen los …

Zutaten
Für 6 Portionen

2 Karotten
1 kg Venusmuscheln
1 kg Miesmuscheln
1 Stange Staudensellerie
1 Zwiebel
1 Schalotte
2 TL Butter
150 ml Weißwein
Meersalz und Pfeffer
1 EL Olivenöl
600 g Tagliatelle
4 EL Crème fraîche
einige Safranfäden
6 Stängel Petersilie
3 Stängel Schnittlauch

VORBEREITUNG: 30 Min.
KOCHZEIT: 25 Min.

Abrakadabra …! ❈ Karotten schälen, würfeln und 5 Min. dünsten, dann beiseitestellen. ❈ Muscheln waschen und abbürsten, Wasser dabei mehrmals erneuern. ❈ Sellerie waschen und in Würfel schneiden, Zwiebel und Schalotte schälen und hacken und das Ganze in einem Schmortopf in der zerlassenen Butter 10 Min. anbraten. ❈ Wein angießen und 5 Min. köcheln lassen. ❈ In der Zwischenzeit ausreichend Salzwasser zum Kochen bringen. Öl und Nudeln hineingeben und 8–10 Min. kochen, dann abgießen und warm stellen. ❈ Muscheln in einem Topf etwa 10 Min. kochen, bis sie sich öffnen. ❈ Muschelfleisch aus den Schalen lösen und mit Karotten, Crème fraîche und Safran in den Schmortopf geben. Mit Pfeffer würzen und 2 Min. erhitzen. ❈ Nudeln in eine Schüssel füllen, Muscheln samt Sauce darauf anrichten und mit den fein geschnittenen Kräutern bestreut servieren.

Wissenswertes rund um ... ... Muscheln

»Coquillages et crustacés« (»Muscheln und Krustentiere«) lautet eine der ersten Zeilen des Chansons *La Madrague*, mit dem Brigitte Bardot international Erfolge feierte. Erinnern Sie sich, wie sie »Sur la plage abandonnée« (»Am verlassenen Strand«) intonierte? In Bardots Heimat Frankreich erinnert das Lied viele an eine Urlaubsliebe.

Kleine Hexenfibel

Muscheln: Am Meer zu leben hat den entscheidenden Vorteil, dass man die Muscheln selbst sammeln kann. Zubereitet wie in diesem Rezept, werden Sie stets auf Begeisterung bei Ihren Gästen stoßen, egal wie oft Sie ihnen das Gericht servieren.

Nudeln: Eine herrliche Ergänzung zu Muscheln sind Nudeln, die je nach Jahreszeit und Geschmack kalt oder warm serviert werden können.

APROPOS

Wenn Sie den Tisch mit Muschelschalen schmücken, die Sie am Strand gesammelt haben, ist dies die ideale Dekoration für ein romantisches Dinner voller Überraschungen.

Wichtig!
Muscheln wie die Miesmuschel oder die Venusmuschel sind gar, wenn sich ihre Schale geöffnet hat.

❧ 48 ❧

Nudeln »Land und Meer«
Wenn Sie Kontraste lieben

Das Weiß der Nudeln, das Grün – und wenn Sie mögen,
auch das Rot und Gelb – der Paprikaschoten, die Verbindung von Tintenfisch und Wurst,
Wein und Kräutern stellt eine ausgesprochen sinnliche Mischung unterschiedlicher
Geschmacksnoten und Farben dar. Genauso ist es in der Liebe, die Menschen
mit verschiedensten Persönlichkeiten und unterschiedlichem Geschlecht verbindet –
und gerade diese spannungsgeladene Mischung gibt der Liebe jeden Tag neue Würze.

Zutaten
Für 6 Portionen

150 g Chorizo
500 g kleine Kalmare
   (Tintenfische)
1 Zwiebel
1 Schalotte
1 grüne Paprikaschote
einige Stängel Petersilie
2 EL Olivenöl
1 Msp. gemahlener
   Kreuzkümmel
1 Thymianzweig
500 g frische Nudeln
grobes Meersalz und Pfeffer
200 ml Rotwein

VORBEREITUNG: 20 Min.
KOCHZEIT: 20 Min.

Abrakadabra …! ❈ Chorizo in Scheiben schneiden. ❈ Kalmare säubern und in Ringe schneiden. ❈ Zwiebel und Schalotte schälen und hacken. ❈ Paprika waschen, Stielansatz, Kerne und weiße Häutchen entfernen und Fruchtfleisch in Streifen schneiden. ❈ Petersilie waschen und hacken. ❈ Öl in einer Pfanne erhitzen. Zwiebel und Schalotte darin bei niedriger Hitze 5 Min. andünsten. Chorizo und Paprika hinzufügen und 5 Min. dünsten. ❈ Kreuzkümmel, Thymian und Kalmarringe dazugeben und 5 Min. garen. ❈ Nudeln 4 Min. in Salzwasser kochen, abgießen und warm stellen. ❈ Wein in die Pfanne geben und 5 Min. einkochen lassen. Thymian entfernen. ❈ Nudeln in eine Schüssel füllen, Pfanneninhalt darübergeben und mit Pfeffer und Petersilie bestreut servieren.

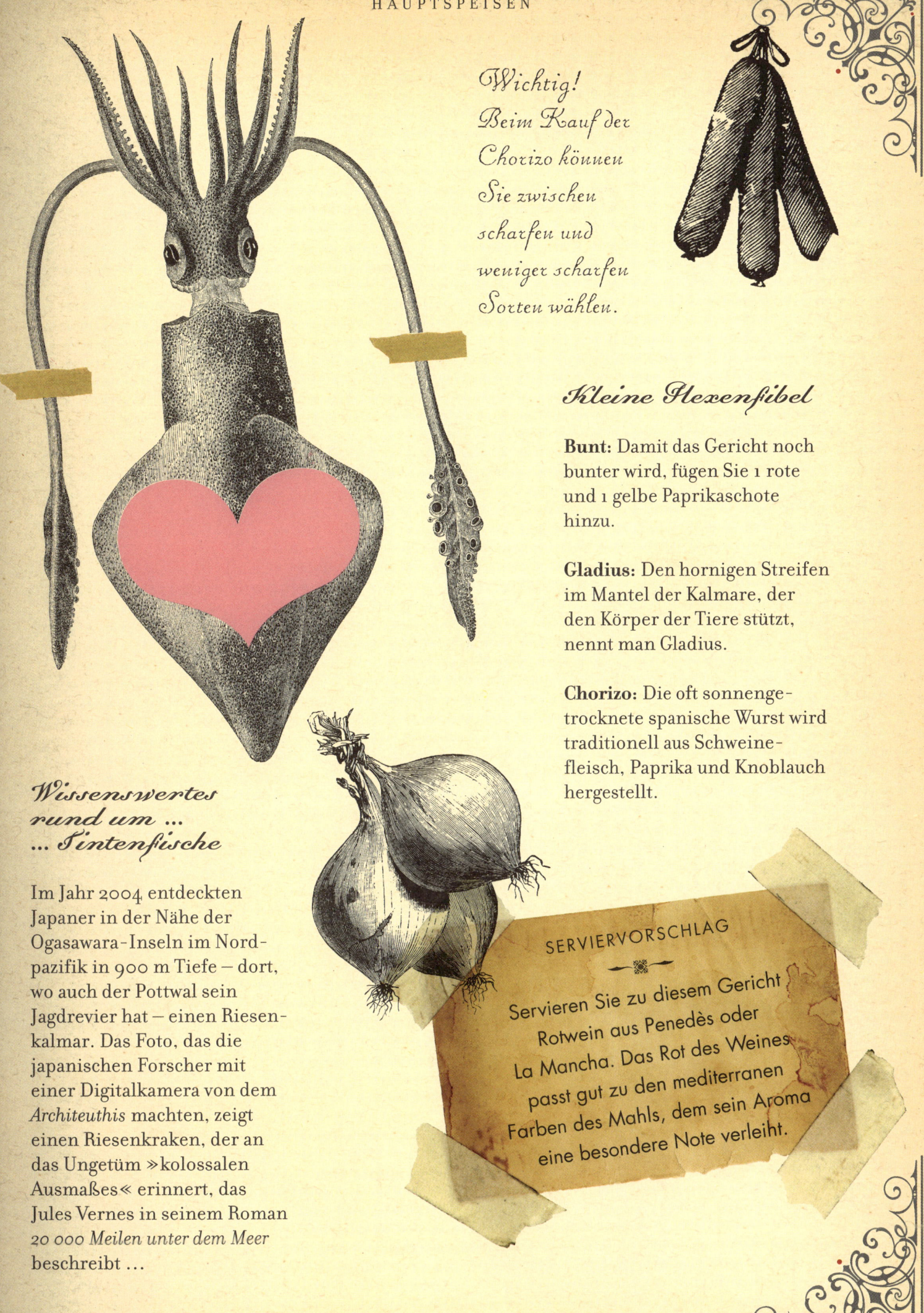

Wichtig!
Beim Kauf der
Chorizo können
Sie zwischen
scharfen und
weniger scharfen
Sorten wählen.

Kleine Hexenfibel

Bunt: Damit das Gericht noch bunter wird, fügen Sie 1 rote und 1 gelbe Paprikaschote hinzu.

Gladius: Den hornigen Streifen im Mantel der Kalmare, der den Körper der Tiere stützt, nennt man Gladius.

Chorizo: Die oft sonnengetrocknete spanische Wurst wird traditionell aus Schweinefleisch, Paprika und Knoblauch hergestellt.

Wissenswertes rund um ... ... Tintenfische

Im Jahr 2004 entdeckten Japaner in der Nähe der Ogasawara-Inseln im Nordpazifik in 900 m Tiefe – dort, wo auch der Pottwal sein Jagdrevier hat – einen Riesenkalmar. Das Foto, das die japanischen Forscher mit einer Digitalkamera von dem *Architeuthis* machten, zeigt einen Riesenkraken, der an das Ungetüm »kolossalen Ausmaßes« erinnert, das Jules Vernes in seinem Roman *20 000 Meilen unter dem Meer* beschreibt …

SERVIERVORSCHLAG

Servieren Sie zu diesem Gericht Rotwein aus Penedès oder La Mancha. Das Rot des Weines passt gut zu den mediterranen Farben des Mahls, dem sein Aroma eine besondere Note verleiht.

❦ 49 ❦

Hähnchen mit Primeln

Möchten Sie ihm ein Geständnis machen?

Da sie zu den geschützten Pflanzen zählen, dürfen die wildwachsenden,
im Frühjahr blühenden Stengellosen Schlüsselblumen (*Primula vulgaris*),
Hohen Schlüsselblumen (*Primula elatior*) und Echten Schlüsselblumen (*Primula veris*)
– deren Letztere man auch Arznei-Schlüsselblumen nennt – nicht gepflückt werden.
Möchten Sie Ihrem Liebsten aber eine ganz spezielle Botschaft übermitteln,
können Sie die Blumen selbst ziehen oder im Handel erstehen und die Blüten
über ein Gericht streuen, um Ihr Liebesgeständnis zu machen.

Zutaten

Für 6 Portionen

30 Primelblüten mit Blättern
(*Primula veris*)
1 große Handvoll Rucola
1 Würfel Geflügelbrühe
250 g Geflügelleber
3 Scheiben Vollkornbrot
250 ml Milch
1 Eigelb
Salz und Pfeffer
1 Prise Nelkenpulver
1 Thymianzweig
2 el Armagnac
1 Hähnchen (2 kg)
4 dünne Scheiben Speck

Küchengarn

VORBEREITUNG: 20 Min.
GARZEIT: 90 Min.

Abrakadabra …! ❊ Primelstiele entfernen. Blüten und Blätter vorsichtig waschen, dann trocknen lassen. Zwei Drittel der Blüten und Blätter im Mixer pürieren, den Rest zum Garnieren beiseitelegen. ❊ Backofen auf 210 °C (Umluft 190 °C) vorheizen. ❊ Rucola waschen. Brühwürfel in 500 ml Wasser auflösen. Geflügelleber hacken. ❊ Brot und Milch pürieren, mit den pürierten Blüten vermengen, Eigelb unterrühren und mit Salz und Pfeffer würzen. ❊ Geflügelleber, Nelke, Thymian und Armagnac untermischen. ❊ Hähnchen mit der Masse füllen und mit Speck umwickeln. Speck mit Küchengarn festbinden. ❊ Hähnchen im Backofen etwa 90 Min. garen, dabei alle 30 Min. mit Brühe begießen. ❊ Das Hähnchen mit Primelblüten und Rucola garniert servieren.

Wichtig!
Die Stiele der Primel dürfen keinesfalls mitgegessen
werden – nur Blüten und Blätter sind genießbar.

Möchten Sie eine richtige Frühlingslandschaft mit Erdfarben und gelben und grünen Farbtupfern auf den Teller zaubern, servieren Sie das Hähnchen mit Spinat.

Kleine Hexenfibel

Aroma: Wenn Sie einen feinen, nussigen Geschmack bevorzugen, sollten Sie junge Rucolablätter verwenden. Ältere Blätter haben einen pikanten, senfähnlichen Geschmack.

Trocknen: Damit die Blütenblätter, mit denen das Gericht zum Schluss garniert wird, nichts von ihrer Schönheit verlieren, sollten sie vorsichtig gewaschen und anschließend zwischen Küchenpapier getrocknet werden.

Wissenswertes rund um ... ... Rucola

Rucola oder Rauke (*Eruca sativa*) ist eine Salatpflanze aus der Familie der Kreuzblütler (*Brassicaceae*). Der Geschmack der hellgrünen Blätter erinnert ein wenig an Kresse. Griechen und Römern galt die Pflanze als Aphrodisiakum. Geistlichen war es verboten, Rucola zuzubereiten, geschweige denn zu verzehren, daher sucht man Rucola in den Gemüsebeeten der Klostergärten vergeblich.

❧ 50 ❧

Kokoshähnchen
Machen Sie einen Gentleman aus ihm

Die Kokosnuss, so glaubt man in Indien und Afrika, wirkt wahre Wunder,
wenn jemand ein »Jucken« verspürt. Ein ungeduldiger
Liebhaber also, der »Kratz mich mal, auf meinem Rücken sitzt ein Floh«
spielen möchte, kann mit diesem Gericht im Handumdrehen in seine
Schranken gewiesen werden, ohne dass er sich brüskiert fühlt – und ehe
Sie sich's versehen, sitzt Ihnen ein perfekter Gentleman gegenüber.

Zutaten
Für 6 Portionen

1 Zwiebel
2 rote Chilischoten
2 EL Mehl
1 TL Currypulver
einige Safranfäden
Salz und Pfeffer
1 Kokosnuss
60 g Butter
1 Hähnchen (2 kg), zerteilt
1 TL Zucker
10–15 ml Wasser

VORBEREITUNG: 25 Min.
KOCHZEIT: 60 Min.

Abrakadabra …! ❈ Zwiebel schälen und hacken. Chilis ebenfalls hacken. ❈ In einer Schüssel Mehl, Curry, Safran, Salz und Pfeffer vermischen. ❈ Kokosnuss anbohren und Kokoswasser auffangen (Kleine Hexenfibel). Nuss öffnen, Fruchtfleisch herauslösen und raspeln. ❈ In einer hochwandigen Pfanne die Butter zerlassen und Hähnchenteile und Zwiebel darin 20 Min. braten. ❈ Mit der Mehl-Gewürz-Mischung bestäuben, Zucker und Chili hinzufügen und bei niedriger Hitze 20 Min. köcheln lassen. ❈ Kokoswasser und Wasser angießen und weitere 15 Min. garen. ❈ Kokosraspeln dazugeben und 5 Min. kochen lassen. ❈ Das Kokoshähnchen sehr heiß servieren.

Das Kokoshähnchen ist von der kreolischen Küche inspiriert. Decken Sie den Tisch also fröhlich und phantasievoll – richtig festlich eben!

Wichtig!
Wenn Sie das Kokoswasser aufgefangen haben, schlagen Sie die Kokosnuss mit einem (Hexen-)Hammer auf, um das Fruchtfleisch aus der Schale zu lösen.

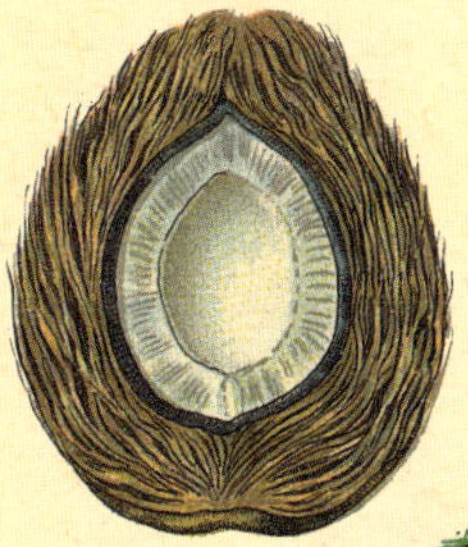

Wissenswertes rund um ... ... die Kokosnuss

Die Kokospalme (*Cocos nucifera*) stammt aus dem Gebiet zwischen Indien und Malaysia, wird heute aber in allen tropischen Ländern angebaut. Die in der asiatischen Küche beliebte Kokosmilch wird aus dem geriebenen Fruchtfleisch gepresst. Beim ersten Pressen tritt eine fette, süßliche, milchige Flüssigkeit aus, die sogenannte erste Milch. Für die zweite, dünnere Kokosmilch werden die Kokosraspeln unter Zugabe von Wasser erneut ausgepresst.

Kleine Hexenfibel

Gewürze: Sie können dieses Gericht mit Koriander, Cayennepfeffer und Zimt verfeinern.

Drei Augen: Um das Kokoswasser aufzufangen, durchbohren Sie die drei »Augen« (Keimlöcher) der Kokosnuss mit einem Schraubenzieher.

Fruchtfleisch: Kleingeschnitten passt Kokosfruchtfleisch gut zu Currysauce, die zu Fisch, Lamm und Hähnchen serviert werden kann.

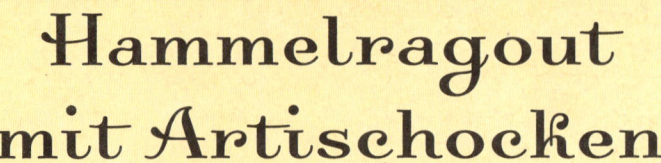

❧ 51 ❧

Hammelragout
mit Artischocken

Zeigen Sie ihm nicht die kalte Schulter

Die Artischocke (*Cynara scolymus*) stammt aus dem Mittelmeerraum.
Im 15. Jahrhundert gelangte das Gemüse, dem aphrodisische Eigenschaften
nachgesagt werden, nach Italien und von dort aus – angeblich durch Katharina von Medici,
die die Artischocke ausgesprochen liebte – nach Frankreich. Auch Ludwig XIV.
soll ein Artischockenliebhaber gewesen sein. Der botanische Name *Cynara* hat seinen
Ursprung in der griechischen Mythologie. Der Legende nach verliebte sich Zeus
in eine schöne junge Frau namens Cynara. Als sie ihn zurückwies,
verwandelte er sie zur Strafe in eine Artischocke. Zeigen Sie Ihrem
Verehrer also lieber nicht die kalte Schulter …

Zutaten

Für 4 Portionen

2 EL Schweineschmalz
2 Knoblauchzehen
6 Zwiebeln
2 Tomaten
800 g Hammelbrust,
    kleingeschnitten
Salz und Pfeffer
1 EL Mehl
250 ml Weißwein
1 Kräutersträußchen
    (Petersilie, Thymian,
    Lorbeerblatt)
8 kleine Artischocken

VORBEREITUNG: 15 Min.
KOCHZEIT: 130 Min.

Abrakadabra …! ✣ Schweineschmalz in einem Schmortopf erhitzen. ✣ Knoblauch und Zwiebeln schälen und fein hacken. Tomaten waschen und in Würfel schneiden. ✣ Hammelbrust und Zwiebeln in den Schmortopf geben und bei mittlerer Hitze 10 Min. anbräunen, dann mit Salz und Pfeffer würzen. ✣ Mehl darüberstäuben und Hammelbrust wenden. Wein angießen und Fleisch erneut wenden. ✣ Knoblauch, Tomaten und Kräutersträußchen hinzufügen, Deckel auflegen und bei niedriger Hitze 30 Min. garen. ✣ Artischocken vierteln und Heu entfernen, Viertel zum Fleisch geben und bei niedriger Hitze weitere 90 Min. garen. ✣ Das Hammelragout heiß servieren.

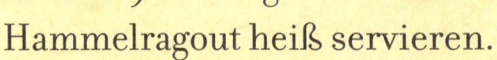

Wichtig!
Das Hammelfleisch sollte fest und dunkelrot sein.
Am besten eignen sich Nacken, Brust oder Schulter.

Wissenswertes rund um ... ... Hammel

Hammel, um 9000 v. Chr. domestiziert, passen sich härtesten Umwelt-bedingungen an. Der Name bezeichnet das kastrierte männliche Mastschaf (*Ovis orientalis aries*), das älter als 1 Jahr, aber jünger als 2 Jahre ist. Gastronomisch kann es sich dabei sowohl um männliche Tiere handeln als auch um weibliche, die noch keine Junge hatten. Hammelfleisch ist in Marokko, Vorderasien und Indien sehr beliebt.

Kleine Hexenfibel

Ragout ist eine Zubereitungs-art, die es ermöglicht, Fleisch zu garen, ohne dass der Eigen-geschmack schwindet.

Bouquet garni, französische für »Kräutersträußchen«, meint Petersilie, Thymian und Lorbeer, die man durch Rosmarin ergänzen kann.

Jerusalemartischocke ist eine andere Bezeichnung für Topinambur.

APROPOS
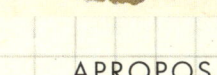

Hammelfleisch harmoniert perfekt mit Artischocken, die ihren Namen dem ara-bischen Wort *al-harchouf* verdanken, was so viel wie »Erddorn« bedeutet.

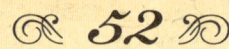

❧ 52 ❧

Frittierter Thunfisch

Entfachen Sie das Feuer der Liebe

Wohl jeder denkt bei der Bezeichnung »Raubfisch«, die auch die Gattung der
Thunfische (*Thunnus*) einschließt, an die unwirtlichen, gefährlichen Seiten des Meeres:
an Haie, sturmgepeitschte, entfesselte See oder gar Schiffbruch. Stürmisch wird
Ihr Dinner zu zweit hoffentlich nicht verlaufen, und wenn doch, wird das Feuer von Chili
und Paprika gewiss dazu beitragen, die Flamme der Liebe zwischen Ihnen zu entfachen.

Abrakadabra …! ❈ Thunfisch in Stücke schneiden
und mit Küchenpapier trockentupfen. ❈ Fischstücke
zunächst in Parmesan, dann in Ei und zum Schluss
in Paniermehl wenden. ❈ In sehr heißem Öl 5 Min.
goldbraun frittieren. ❈ In der Zwischenzeit die Paprika
in feine Streifen schneiden und in einer Pfanne im
Olivenöl 5 Min. andünsten. ❈ Fisch mit einem Schaumlöffel aus dem Fett heben und auf Küchenpapier abtropfen lassen. ❈ Mit Salz, Pfeffer, Paprika und
Cayennepfeffer würzen und mit den Paprikastreifen
servieren.

Zutaten
Für 6 Portionen

1,2 kg Thunfisch
250 g geriebener Parmesan
2 verquirlte Eier
3 EL Paniermehl
Öl zum Frittieren
1 rote Paprikaschote
2 EL Olivenöl
Salz und Pfeffer
2 Msp. Paprikapulver
1 Msp. Cayennepfeffer

⏰

VORBEREITUNG: 20 Min.
KOCHZEIT: 10 Min.

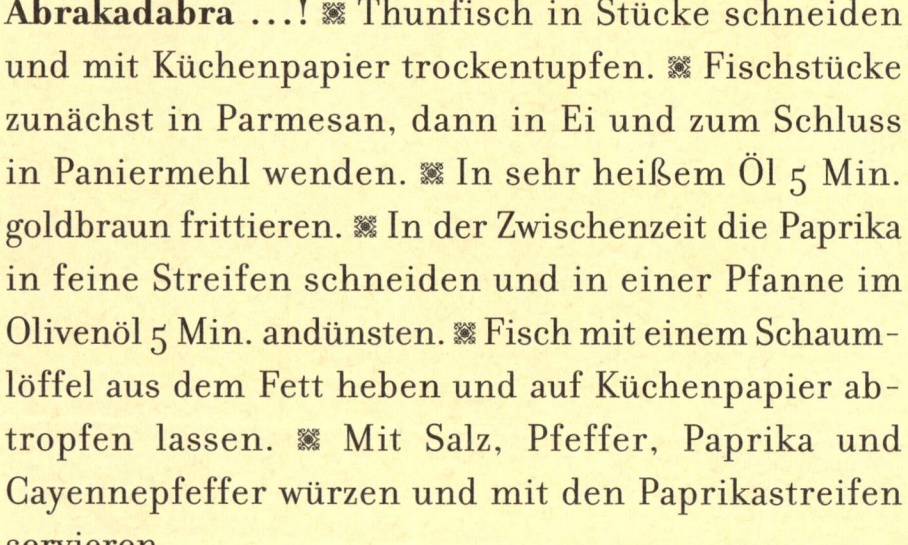

Wichtig!
Den Cayennepfeffer
nur sparsam verwenden.

Kleine Hexenfibel

Rot: Die Paprikaschote, eine eher ungewöhnliche Zutat für ein Fischgericht, passt hervorragend zu Thunfisch.

Der richtige Tag: Unter Magiern ist Rot die Farbe für den Dienstag – achten Sie also darauf, wann Sie dieses Gericht servieren.

Gemüse: Thunfisch kann auch mit Kohlrabi oder – wenn es doch lieber Rot sein soll – mit Tomaten serviert werden.

Wissenswertes rund um ... ... den Katzenhai

In Frankreich verwendet man für dieses Gericht bevorzugt das Fleisch des Kleingefleckten Katzenhais (*Scyliorhinus canicula*), des meistgegessenen Haifischs. Er ist im Atlantik zwischen Norwegen und Elfenbeinküste sowie im Mittelmeer zu Hause. Seinen Namen verdankt der schlanke, keilförmige Fisch seinen katzenhaften Augen. Im Handel wird der Katzenhai, der zu den Eier legenden Haiarten zählt, nicht unter der Bezeichnung »Hai«, sondern als »roussette« (in Frankreich) oder »rock salmon« (in Irland) angeboten.

SERVIERVORSCHLAG

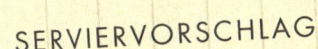

Als weiterer Farbtupfer zum frittierten Thunfisch empfiehlt sich ein zu Fischgerichten passender Rotwein, etwa aus dem französischen Weinbaugebiet Bourgueil.

❧ 53 ❧

Kardamom-Kalbsbraten auf karamellisierten Zwiebeln

Unternehmen Sie eine Reise in unbekannte Gefilde

Der Kardamom-Kalbsbraten ist ein besonderer Genuss. Wie der Pfeffer kommt auch der Kardamom (*Elettaria cardamomum*) von der Malabarküste, einem Küstenabschnitt des indischen Subkontinents am Arabischen Meer. Unternehmen Sie eine kulinarische Weltreise …

Zutaten

Für 4 Portionen

3 Gewürznelken
1 Msp. gemahlener Kardamom
1 Msp. gemahlener Zimt
1/2 TL gemahlener Koriander
1 Msp. Paprikapulver
1/2 TL gemahlener Ingwer
1 Prise Salz
1,25 kg Kalbskarree (ohne Knochen)
6 Zwiebeln
50 g Butter
2 TL Zucker
500 ml Weißwein
1 Msp. Safran
2 Becher Joghurt

⏱

VORBEREITUNG: 20 Min.
MARINIERZEIT: 60 Min.
GARZEIT: 95 Min.

Abrakadabra …! ❈ Gewürznelken zerdrücken und mit Kardamom, Zimt, Koriander, Paprika und Ingwer vermengen. ❈ Gewürzmischung halbieren, eine Hälfte mit Salz mischen und das Fleisch damit einreiben. Braten im Kühlschrank 1 Std. marinieren lassen. ❈ Backofen auf 200 °C (Umluft 180 °C) vorheizen. ❈ Zwiebeln schälen, fein hacken und in der zerlassenen Butter 10 Min. anbräunen. Zucker darüberstreuen und bei niedriger Hitze weitere 10 Min. bräunen, bis die Zwiebeln eine hellbraune Farbe angenommen haben. ❈ Wein angießen und das Ganze in einen Bräter geben, Fleisch darauflegen und im Backofen 75 Min. garen. ❈ Safran und die restliche Gewürzmischung in den Joghurt rühren, Braten damit bestreichen und für weitere 5 Min. in den Backofen geben. ❈ Den Kardamom-Kalbsbraten mit Reis und Spinat servieren.

Wichtig!
Der Kalbsbraten sollte nicht zu klein sein, weil er sonst beim Kochen austrocknet. Pro 500 g Fleisch sollten Sie 25 Min. Garzeit rechnen.

Wissenswertes rund um ... ... Safran

Der Safran (*Crocus sativus*) ist das teuerste Gewürz der Welt, weil er von Hand geerntet wird: In einer Stunde werden nicht mehr als 600 Blüten gepflückt. Ebenso zeitaufwendig ist das Trennen der Blätter von den Blütennarben. Für 1 kg Safran benötigt man 150 000 Blüten, entsprechend kostet es zwischen 23 000 und 25 000 Euro. Schon deshalb wird Safran stets nur in kleinsten Mengen verwendet.

Kleine Hexenfibel

Zart: Das Marinieren verhindert, dass das fettarme Kalbfleisch beim Braten austrocknet.

Weiß oder rosa: Die weiße Farbe des Kalbfleischs ist nicht unbedingt ein Zeichen von Qualität. Rosa Fleisch hat ebenfalls ein köstliches Aroma. Der Braten darf innen ruhig noch leicht rosa sein.

APROPOS

Der Kardamom (*Elettaria cardamomum*) ist eine Gewürzpflanze aus der Familie der Ingwergewächse (*Zingiberaceae*). Er bildet aromatische Kapseln aus, in denen sich Samen befinden, die in der indischen und afrikanischen Küche, besonders in Äthiopien, sowie in Skandinavien gerne als Gewürz verwendet werden. Kardamom eignet sich auch zum Verfeinern von Met. Wegen seines intensiven Aromas sollte er jedoch sparsam verwendet werden. Übrigens bietet Kardamom den Vorteil, den Atem zu reinigen – das ideale Gewürz also für ein zärtliches Tête-à-tête.

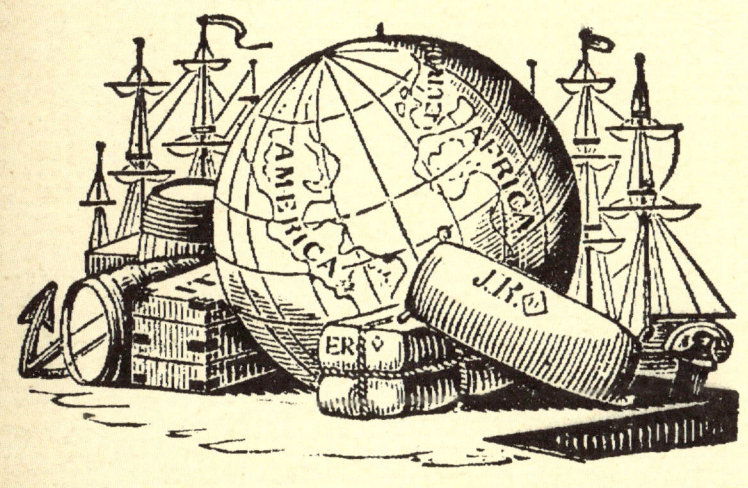

Desserts
❧ und ☙
Gebäck

❧ 54 ❧
Akazienblüten
im Teigmantel
Beweisen Sie ihm die Reinheit
Ihrer Liebe

Der Legende nach wurde die Arche Noah aus Akazienholz gebaut.
Das Holz der Akazien (*Acacia*) hält demnach nicht nur Wind und Wetter stand,
sondern schützt auch vor Unheil. Ihr weißes Blütenkleid trägt die Akazie bis Ende Juni.
Wegen der Form der Blüten, die an Schmetterlinge erinnern, zählt der Baum zur
Ordnung der Schmetterlingsblütenartigen. Das reine Weiß ihrer Blüten hat diese zum
Symbol platonischer Liebe gemacht. Das Dessert aus Akazienblüten ist
also ein Sinnbild für die Reinheit Ihrer Liebe.

Zutaten
Für 6 Portionen

12 Akazienblütendolden
2 el Kirschwasser
2 EL feiner Zucker
2 Eier
250 ml Bier
1 EL Öl
1 Prise Salz
250 g Mehl
½ Päckchen
   Backpulver
Öl zum Frittieren
1 EL Streuzucker

VORBEREITUNG:
25 Min.
RUHEZEIT: 90 Min.
BACKZEIT: 15 Min.

Abrakadabra …! ❖ Akazienblüten unter fließendem, lauwarmem Wasser waschen und auf Küchenpapier abtropfen lassen. ❖ Blüten auf einer großen Platte verteilen und mit Kirschwasser beträufeln. Abtropfen lassen und Kirschwasser auffangen. Blüten mit Zucker bestreuen und 15 Min. ziehen lassen. ❖ Eier in einer Schüssel kräftig verquirlen. Kirschwasser, Bier, Öl und Salz hinzufügen und kräftig aufschlagen. Mehl und Backpulver untermischen. ❖ Den Teig 1,5 Std. ruhen lassen. ❖ Blüten durch den Teig ziehen, in das heiße Öl geben und 15 Min. goldbraun frittieren. ❖ Frittierte Blüten mit einem Schaumlöffel herausheben und auf Küchenpapier abtropfen lassen. ❖ Akazienblüten mit Streuzucker bestäubt servieren.

Wichtig!
Verwechseln Sie die weißen
Akazienblüten nicht mit den
giftigen, gelben Blüten des
Goldregens. Rohe Akazien-
samen sind ungenießbar.

Wissenswertes rund um ... ... Akazien

Zur Gattung der Akazien zählt unter anderem die Schreck- liche Akazie (*Acacia karroo*) aus der Familie der Hülsen- früchtler (*Fabaceae*), die in den Halbwüsten Nord- und Zentralafrikas wächst, wo sie Elefanten als Nahrung dient. Die dornige Robinie oder auch Scheinakazie (*Robinia pseudo- acacia*) mit den duftenden, milchweißen Blüten ist in ganz Nordamerika und Europa verbreitet. Sie liefert ein besonders hartes Holz, das nicht fault.

Acacia arabica. — Rameau florifère et fructifère.

Kleine Hexenfibel

Eis: Besonders lecker schmecken Akazienblüten im Teigmantel zu Vanilleeis.

Variation: Anstelle von Kirschwasser können Sie auch Armagnac verwenden.

SERVIERVORSCHLAG

Garnieren Sie die Servier- platte mit einem Akazien- zweig – so wirkt dieses origi- nelle Dessert noch natürlicher und ursprünglicher.

❧ 55 ❧

Veilchenbonbons
So schmecken Küsse noch besser

Neben dem Duftveilchen (*Viola odorata*) gibt es eine Reihe weiterer,
weniger wohlriechender Veilchen – etwa das Hundsveilchen (*Viola canina*),
das Gelbe Veilchen (*Viola biflora*) oder das Waldveilchen (*Viola reichenbachiana*) –,
deren Blüten ebenfalls genießbar sind. Schüchternen Personen fällt es mitunter schwer,
Blumen zu verschenken. In diesem Fall sind Veilchenbonbons ein hervorragender Ersatz,
um etwas »durch die Blume« zu sagen – und Küsse schmecken
nach ihrem Verzehr noch besser!

Zutaten
Für 8 Portionen

20 g Gummiarabikum
50 ml lauwarmes Wasser
3 große Handvoll
   Veilchenblüten
1 Eiweiß
320 g Zucker

⏰
VORBEREITUNG: 90 Min.
TROCKEN-/ZIEHZEIT: 48 Std.
KOCH-/TROCKENZEIT: 50 Min.

Abrakadabra …! ❈ Gummiarabikum in einer Schüssel
in Wasser auflösen. ❈ Veilchenblüten vorsichtig und
rasch unter fließendem kalten Wasser waschen und auf
Küchenpapier abtropfen lassen. ❈ Eiweiß steif schlagen
und Gummiarabikum unterheben. ❈ Blüten einige Min.
in die Mischung tauchen und abtropfen lassen. ❈ In
200 g Zucker wenden und 24 Std. trocknen lassen. ❈
120 g Zucker und 1 EL Wasser in einen Topf mit dickem
Boden geben und bei niedriger Hitze auf 115 °C erwärmen. Topf vom Feuer nehmen und Sirup abkühlen
lassen. ❈ Blüten in den erkalteten Sirup legen und
24 Std. ziehen lassen. ❈ Mit einem Schaumlöffel
herausheben und nochmals in Zucker wenden. ❈
Veilchenbonbons im Backofen bei 45 °C (Umluft 35 °C)
und geöffneter Backofentür 30 Min. trocknen.

Wichtig!
Stellen Sie den Sirup bereits am Vortag her. Um festzustellen, ob der Sirup die richtige Temperatur hat, tauchen Sie einen Schaumlöffel hinein, lassen den Sirup etwas abtropfen und pusten durch die Löcher. Wenn sich Blasen bilden, ist die richtige Temperatur (115 °C) erreicht. Genauso ist es möglich, ein Thermometer zu verwenden.

SERVIERVORSCHLAG

Füllen Sie die Bonbons in eine herzförmige Schachtel oder Dose, die mit der Blattform des Veilchens harmoniert.

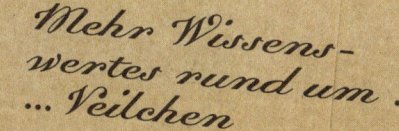

Mehr Wissenswertes rund um ... ... Veilchen

Im antiken Rom schmückte man bei einem Festmahl die Tafel mit Kränzen aus Veilchenblättern, denen die Kraft zugesprochen wurde, der Trunkenheit vorzubeugen.

Veilchen

Kleine Hexenfibel

Tee: Getrocknete Veilchenblüten eignen sich auch zur Herstellung von Tee, wobei 50 g getrocknete Blüten einer Menge von 300 g frischen Blüten entsprechen.

Salat: Veilchenblätter, die im April gepflückt werden, schmecken köstlich in Salaten.

✿ 56 ✿

Mohnbrioche

Genießen Sie den Augenblick der Leidenschaft

Klatschmohn (*Papaver rhoeas*) erkennt man sofort an seinen leidenschaftlich roten Blüten. Hexen ordneten die Mohnblume in ihrer Symbolik der Wochentage, in der jeder Tag mit einem Planeten und Sternzeichen, einer Farbe und einem Duft verbunden war, dem Samstag, dem Saturn und dem Sternzeichen Steinbock zu. Achten Sie also darauf, wann Sie die Mohnbrioche servieren, und genießen Sie den Augenblick der Leidenschaft …

Zutaten

Für 6 Portionen

100 g Mehl
1 gestrichener EL Zucker
1 Prise Salz
2 Eier
4 g Hefe
1 EL Mohnöl
1 Msp. geriebene
    Muskatnuss
100 g Butter
Butter zum Einfetten der
    Formen

VORBEREITUNG: 15 Min.
RUHEZEIT: 1 Std.
BACKZEIT: 10 Min.

Abrakadabra …! ✿ Zutaten 1 Std. vor der Zubereitung aus dem Kühlschrank nehmen. ✿ Mehl in eine Schüssel sieben. In die Mitte eine Mulde drücken und Zucker, Salz, Eier, Hefe, Öl und Muskatnuss hineingeben. ✿ Das Ganze vermengen und zu einem glatten Teig verkneten. ✿ Butter in kleinen Stücken einarbeiten. ✿ Teig an einem warmen Ort 1 Std. gehen lassen. ✿ Backofen auf 160 °C (Umluft 140 °C) vorheizen. ✿ Teig auf 6 kleine, eingefettete Briocheformen verteilen und etwa 10 Min. backen.

APROPOS

Wenn Sie die Brioches mit Mohnblütenblättern garniert auf Tellern anrichten, sieht das nicht nur hübsch aus – Rot ist auch die Farbe der Liebe …

Wissenswertes rund um ... ... Klatschmohn

Der Klatschmohn (*Papaver rhoeas*), eine Pflanze aus der Familie der Mohngewächse (*Papaveraceae*), wächst auf Feldern und an Wegrändern. An dem behaarten Stängel sitzt eine Vielzahl länglicher, gezahnter, spitz zulaufender Blätter mit rauer Oberfläche. Der Klatschmohn bildet Kapselfrüchte, die zahllose runde, braune Kerne enthalten.

Kleine Hexenfibel

Teig: Der Teig ist durchgebacken, wenn sich auf der Oberfläche Bläschen bilden.

Blüte: Der Klatschmohn blüht von Mai bis Juli. Seine Blütenblätter eignen sich hervorragend zum Garnieren von Salaten.

Gemüse: Auf den Genuss der jungen Sprossen, die von März bis August geerntet und als Gemüse zubereitet oder als Füllung für Blätterteigtaschen verwendet werden können, sollten empfindliche Menschen und Kinder verzichten, da die Pflanze leicht giftig ist.

Nussig: Mohnsamen sind sehr ölhaltig und haben einen angenehmen, haselnussartigen Geschmack.

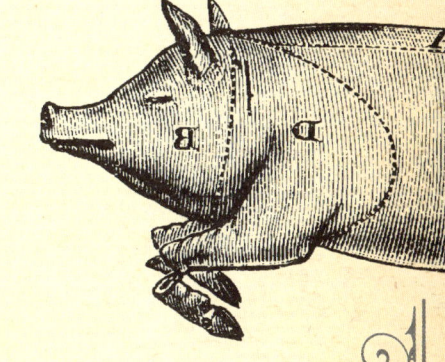

Wichtig!
Mohnbrioches eignen sich nicht nur als Dessert, sondern können beispielsweise auch zu einer Wurstplatte gereicht werden.

❧ 57 ❧

Cake »Manou«
Wecken Sie die Lust auf mehr

In Frankreich ist Manou ein beliebter Mädchenname, der häufig mit dem Bild
der feinen, sanften und zärtlichen Großmutter in Verbindung gebracht wird.
Wenn Sie diesen Cake servieren, dürfen Sie also ein interessantes,
kultiviertes Gespräch erwarten – zum Beispiel über Literatur oder über
Reisen in traumhafte, sonnige Gefilde, zu Sandstränden und auf einsame Inseln.
Ein Stück dieses Kuchens ermöglicht Ihnen den Eintritt in ein verlorenes Paradies –
und einmal in diese Märchenwelt eingetaucht, überkommt einen sogleich das
unstillbare Verlangen nach einem weiteren Stück, denn dieser Cake schmeckt nach mehr:
Er birgt in sich den Zauber des Genusses in allen seinen Schattierungen …

Zutaten

Für 8 Portionen

100 g Kandierte Früchte
100 g Korinthen
4 cl Rum
175 g sehr weiche Butter
1 Prise Salz
125 g Zucker
3 Eier
½ Päckchen Backpulver
250 g Mehl
Butter zum Einfetten

VORBEREITUNG: 25 Min.
BACKZEIT: 55 Min.

Abrakadabra …! ❋ Kandierte Früchte kleinschneiden und mit Korinthen in Rum einweichen. ❋ Backofen auf 180 °C (Umluft 160 °C) vorheizen. ❋ In einer Schüssel die Butter kräftig mit Salz und dem nach und nach eingestreuten Zucker verrühren. ❋ Eier nacheinander unterschlagen. ❋ Das gesiebte und mit Backpulver vermischte Mehl auf einmal dazugeben. Früchte und Rum hinzufügen und gut verrühren. ❋ Backpapier mit Butter einfetten und eine Kastenform damit auslegen. ❋ Teig in die Form gießen und 10 Min. backen. Temperatur auf 140 °C (Umluft 120 °C) herunterschalten und den Cake noch etwa 45 Min. fertigbacken.

Eintritt in ein verlorenes Paradies

Wissenswertes rund um ... ... Korinthen

Die schwarze Korinthe (*Vitis vinifera apyrena*) ist kleiner als andere Rosinen. Benannt ist die Korinthe, die aus der gleichnamigen, kernlosen Rebsorte hergestellt wird, nach der griechischen Stadt Korinth, die vor mehr als 2000 Jahren zusammen mit der griechischen Insel Zante das Zentrum des Rosinenhandels war. Rosinen werden vorwiegend aus weich- schaligen Traubensorten her- gestellt, indem die Trauben 2–4 Wochen auf Stellagen in der Sonne getrocknet werden.

Kleine Hexenfibel

Form: Füllen Sie die Form nur zu zwei Dritteln mit Teig, da dieser noch aufgeht.

Geduld: Noch besser schmeckt der Kuchen, wenn Sie ihn erst einen Tag nach dem Backen servieren.

Variation: Köstlich schmeckt es, wenn Sie außer den Früch- ten noch ein Stück Zitronen- schale im Rum ziehen lassen.

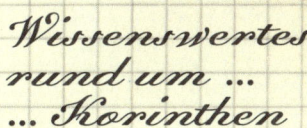

Wichtig!
Den Backofen während der ersten
10 Min. der Backzeit nicht öffnen.

SERVIERVORSCHLAG

❦

Servieren Sie diesen Cake zu einem guten schwarzen oder grünen Tee.

❧ 58 ❧

Kandierte Rosenblätter
Wenn Sie von der Liebe träumen

Die Rose ist das klassische Symbol der Liebe. In der Mythologie ebenso
wie in der Literatur und der Kunst ist sie eine der beliebtesten Metaphern.
Auf einem Bett aus Rosenblättern verbrachten Kleopatra und Marcus Antonius
ihre erste Liebesnacht. Auf Botticellis Gemälde *Die Geburt der Venus* treibt der
Wind Rosenblüten und -blätter über den Himmel. Zahllos sind die Dichter,
die die schönste aller Blumen in ihren Werken besungen haben. Vielleicht lässt ja
der Erwählte Ihres Herzens auch Sie mit einer Rose von der Liebe träumen …

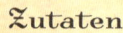

Zutaten
Für 6 Portionen

3 Rosen
50 g Zucker
1 Eiweiß

VORBEREITUNG: 30 Min.
TROCKENZEIT: 12 Std.

Abrakadabra …! ❖ Blütenblätter abzupfen und die
schönsten zurückbehalten. ❖ Zucker und Eiweiß in je
eine Schüssel geben. ❖ Blätter nacheinander in das
Eiweiß tauchen. ❖ Von beiden Seiten mit Zucker
bestreuen und auf Backpapier legen. ❖ Blätter an einem
trockenen Ort 12 Std. ruhen lassen.

Kleine Hexenfibel

Rosen: Achten Sie darauf, dass die Blütenblätter nicht gespritzt sind.

Essbar: Bei der Rose sind – bis auf die Dornen – fast alle Teile genießbar: die Blütenblätter, die Knospen, bei manchen Rosenarten auch die Früchte und sogar die Blätter.

Lokum: In der orientalischen Küche ist die Rose eine beliebte Zutat, ebenso in der Konfiserie, wo Rosenwasser zur Herstellung von Lokum dient, einer Süßigkeit auf Basis von Stärke und Zucker. Aus den Blütenblättern der Rose können Marmelade oder Gelee herstellt werden.

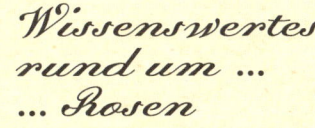

Wissenswertes rund um ... ... Rosen

Auf der nördlichen Erdhalbkugel gibt es etwa 250 wildwachsende Rosenarten. Als erste Rose wurde in Frankreich die Essigrose (*Rosa gallica*) kultiviert. Aus dieser Pflanze, die Theobald der Troubadour 1240 von einem Kreuzzug aus Syrien mitgebracht haben soll, ging die berühmte Damaszenerrose hervor. Weitere, aus Asien stammende Rosensorten wurden von europäischen Botanikern im 18. Jahrhundert in Europa eingeführt.

Wichtig!
Kandierte Rosenblätter
sollten 1 Tag vor dem
Verzehr zubereitet werden.

SERVIERVORSCHLAG

Kandierte Rosenblätter können als Süßigkeit angeboten, als Dekoration verwendet oder in Desserts verarbeitet werden, etwa in einer Tarte, die man mit einer mit Rosenwasser aromatisierten Konditorcreme füllt.

❧ 59 ❧

Angelika-Baisers
Um einen Schutzengel zu finden

Früher trug man Echte Engelwurz (*Angelica archangelica*) um den Hals,
weil man glaubte, dass die Heil- und Zauberpflanze insbesondere Kinder
— auf die auch die Engel besonderes achtgeben — vor Hexerei und Unheil schütze.
Ein Engel sei es gewesen, sagt man, der die Engelwurz einem Mönch zum Geschenk
machte, damit die Menschen sich ihre wertvollen Eigenschaften zunutze machen können.
Ob sich Ihr Gast mit diesem Dessert in Ihren Schutzengel verwandelt?

Zutaten

Für 6 Portionen

3 kandierte Engelwurzstängel
2 Eiweiß
125 g gemahlene Mandeln
125 g brauner Rohrzucker
Butter zum Einfetten

Abrakadabra …! ✶ Engelwurz in sehr kleine Stücke schneiden. ✶ Eiweiß steif schlagen. ✶ Mandeln und Zucker mischen und vorsichtig unter den Eischnee heben. ✶ Backofen auf 150 °C (Umluft 130 °C) vorheizen. ✶ Ein Backblech mit Alufolie auslegen, Folie einfetten und Teig in kleinen Häufchen in ausreichendem Abstand darauf verteilen. ✶ Mit Engelwurz garnieren und etwa 10 Min. backen.

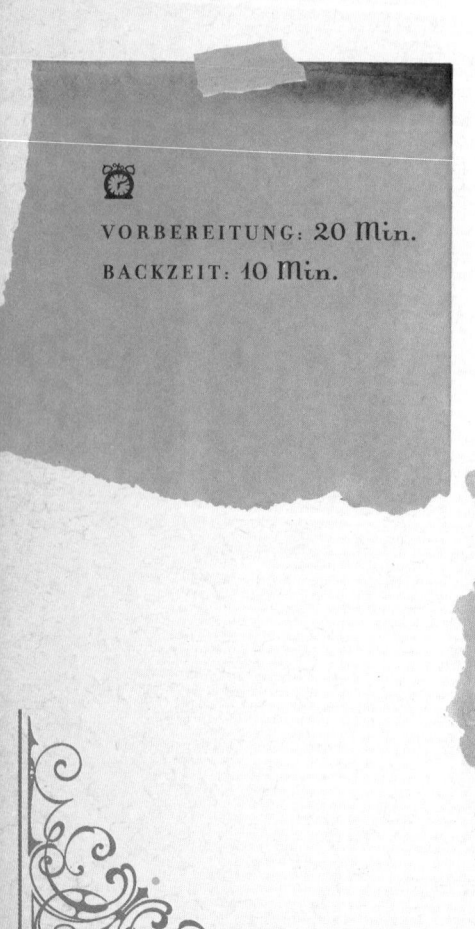

VORBEREITUNG: 20 Min.
BACKZEIT: 10 Min.

Wissenswertes rund um ... ... Engelwurz

Die Samen der Wilden oder Wald-Engelwurz (*Angelica sylvestris*) wurden früher als Insektenvernichtungsmittel und als Heilmittel gegen die Krätze eingesetzt. Zudem diente die Pflanze zur Teufelsaustreibung: Hierzu hängte man sie über die Haustür des Betroffenen oder mischte sie bei Exorzismen dem Räucherwerk bei.

Wichtig!
Drücken Sie die Engelwurzstückchen mit dem Finger leicht in den Teig, damit sie am Gebäck haften bleiben.

SERVIERVORSCHLAG
—❖—
Servieren Sie die Baisers mit Pfefferminztee oder heißer Schokolade – die perfekte Kombination für eine entspannende Pause am Nachmittag.

Kleine Hexenfibel

Spritzbeutel: Verwenden Sie am besten einen Spritzbeutel, um den Teig auf dem Blech zu verteilen.

Variation: Anstelle der Mandeln können Sie gemahlene Haselnüsse verwenden.

Backen: Behalten Sie das Gebäck beim Backen im Auge – es darf weder zu weich noch zu dunkel werden.

Guss: Bepinseln Sie die Baisers direkt nach dem Backen mit gesüßter Milch.

❧ 60 ❧

Grießdessert mit Engelwurz

Wünschen Sie ein wenig Abkühlung?

Im Mittelalter bekämpfte man große Geißeln wie die Pest mit Engelwurz. Auch setzte man die Pflanze als Gegengift ein, wenn jemand von einem tollwütigen Hund oder einem anderen giftigen Tier gebissen worden war. Allerdings musste sie dazu gekocht werden, wenn die Sonne im Sternzeichen Löwe stand und die Mondkonstellation günstig war. Auch beim Sammeln war der Einfluss der Planeten auf die Stunden des Tages zu beachten: Am besten eigneten sich die Stunde der Sonne und des Jupiter – dann konnte man mit einem Wunder rechnen. Wenn Sie zu fiebern beginnen, sobald Sie Ihrem Liebsten in die Augen sehen, verschafft dieses Dessert Ihnen ein wenig Abkühlung.

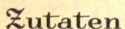

Zutaten
Für 4 Portionen

2 kandierte Engelwurzstängel
½ Vanilleschote
500 ml Milch
60 g brauner Rohrzucker
4 EL Dinkel- oder Weizengrieß
1 walnussgroßes Stück Butter
Karamellsirup zum Garnieren

VORBEREITUNG: 15 Min.
KOCHZEIT: 20 Min.

Abrakadabra …! ❈ Engelwurz in sehr kleine Stücke schneiden. ❈ Vanilleschote aufschlitzen und in die Milch geben. Zucker hinzufügen und die Milch zum Kochen bringen. ❈ Grieß auf einmal in die kochende Milch geben und dabei kräftig mit dem Schneebesen rühren. ❈ Butter untermischen und das Ganze bei niedriger Hitze unter ständigem Rühren 15 Min. köcheln lassen. ❈ Engelwurz hinzufügen und unterrühren. Das Grießdessert in eine tiefe Schale geben und mit Karamellsirup überzogen servieren.

Mehr Wissenswertes rund um ... ... Engelwurz

Die Wilde oder Wald-Engelwurz (*Angelica sylvestris*) gedeiht an feuchten Orten, am Rand von Gräben und in Schluchten. Sie kann eine Höhe von bis zu 2 m erreichen. Der dicke, rötliche Stiel verzweigt sich nach oben. Er trägt große, runde, vielstrahlige Blütendolden, die aus zahlreichen kleinen, cremefarbenen oder rötlich-weißen Blüten bestehen. Die flachen Früchte sind mit membranartigen Flügeln ausgestattet.

Wichtig!
Servieren Sie das Dessert gut gekühlt.

APROPOS

Angelika, Engelwurz ... Nomen est omen: Dieses Dessert schmeckt nicht nur ausgesprochen lecker, sondern soll auch vor Unheil schützen.

Kleine Hexenfibel

Dekoration: In der Konfiserie wird die Echte Engelwurz (*Angelica archangelica*) gerne als Kuchenzutat und – ihrer schönen grünen Farbe wegen – zur Dekoration verwendet.

Blüte: Die Wilde Engelwurz blüht von Juli bis Oktober.

❧ 61 ❧

Erdbeeren mit Eisenkraut

So mildern Sie Ihre Abweisung

Früher sagte man dem Eisenkraut (*Verbena officinalis*) magische Kräfte nach.
Auf Schlachtfeldern trugen es Krieger unter ihrer Rüstung,
um sich vor Verletzungen zu schützen. Schenken Sie Ihrem Verehrer
also einen Stängel Eisenkraut, den er wie die Krieger von damals an seinem
Herzen trägt – sollten Sie ihn durch Ihre Abweisung verletzen,
ist der Schmerz dann nicht mehr ganz so groß.

Zutaten
Für 4 Portionen

Saft von ½ Zitrone
Saft von 2 Orangen
100 ml Wasser
130 g Zucker
800 g Erdbeeren
100 g frischer Ingwer
frisches Zitronengras
zum Garnieren
2 Stängel Eisenkraut

VORBEREITUNG UND
KOCHZEIT: 40 Min.
KÜHLZEIT: 1 Std.

Abrakadabra …! ✳ Zitronen- und Orangensaft mit dem Wasser in einen Topf geben und 70 g Zucker darin auflösen. 2 Min. kochen lassen, dann beiseitestellen. ✳ Erdbeeren kurz unter fließendem kalten Wasser waschen, trockentupfen, entstielen und halbieren. ✳ Mit dem Sirup beträufeln und 1 Std. kalt stellen. ✳ In der Zwischenzeit Ingwer in feine Stifte schneiden, in kochendem Wasser 5 Min. blanchieren, abschrecken und abtropfen lassen. Vorgang wiederholen, bis der Ingwer weich ist. ✳ In einem Topf den restlichen Zucker mit 4 EL Wasser 5 Min. köcheln lassen, Ingwer hinzufügen und weitere 10 Min. köcheln. ✳ Ist die Flüssigkeit verdunstet, Ingwer herausnehmen und abkühlen lassen. ✳ Erdbeeren mit Sirup in Schälchen anrichten und mit Ingwer, Zitronengras und Eisenkrautblättern garniert servieren.

Wichtig!
Gut gekühlt servieren.

Zitronengras

Wissenswertes rund um ... ... Erdbeeren

Die Kultivierung der Erdbeere begann im Barock. Jean-Baptiste La Quintinie, der Gärtner Ludwigs XIV., zog in Versailles Gewächshäusern bereits im Winter Erdbeeren. Heute gibt es etwa 1000 verschiedene Sorten. Im französischen Plougastel kann man sogar ein Erdbeermuseum besichtigen. Die Stadt war die erste, in der 1740 Walderdbeeren kultiviert wurden. Auch Deutschland besitzt ein Erdbeermuseum, und zwar bei Rostock.

Kleine Hexenfibel

Verwandt: Zur Familie der Eisenkrautgewächse (*Verbena-ceae*) zählt neben dem Echten Eisenkraut (*Verbena officinalis*) auch die Zitronenverbene (*Aloysia triphylla*), die wegen des Zitronenaromas ihrer Blätter kultiviert wird. Während das Eisenkraut in Europa heimisch ist, stammt die Zitronenverbene aus Süd-amerika (Chile und Peru).

Eisenkraut: Das Eisenkraut blüht im Juli und August an Wegrändern und ist an seinen kleinen violetten Blüten zu erkennen. Die Blätter schmecken bitter.

Eisenkraut

APROPOS

Mit seiner beruhigenden Wirkung bildet das Eisenkraut eine gute Ergänzung zu den übrigen Zutaten dieses anregenden Desserts – umso mehr, als man dem Ingwer, ebenso wie dem Eisenkraut, eine aphrodisische Wirkung nachsagt.

❧ 62 ❧

Haselnusskuchen
Auf dass der Zauber wirkt

Seit Menschengedenken gilt der Haselnussstrauch als magische Pflanze.
Daher überrascht es nicht, dass Hexen ihre Besen aus der Gewöhnlichen Hasel
(*Corylus avellana*) zu fertigen pflegten. Ein Haselzweig, der am Johannistag mit einem
neuen Messer geschnitten wurde, ermöglicht es, unterirdische Wasseradern und Quellen
aufzuspüren – schließlich gilt Haselholz als das Holz, das Energie am besten leitet.
Vielleicht stoßen Sie mit diesem Haselnusskuchen ja auf eine Quelle der Freude …

Zutaten

Für 8 Portionen

Für den Teig:
1 unbehandelte Zitrone
8 Eier
100 g Zucker
300 ml Wasser
4 EL Kartoffelstärke
4 EL Mehl
400 g gemahlene Haselnüsse
Butter zum Einfetten der
    Form

Für die Dekoration
  (Kleine Hexenfibel):
80 g Puderzucker
4 EL Kirschwasser
100 g Haselnüsse

VORBEREITUNG: 45 Min.
BACKZEIT: 1 Std.

Abrakadabra …! ❊ Backofen auf 180 °C (Umluft 160 °C) vorheizen. ❊ Zitrone heiß abwaschen und abtrocknen. Schale abreiben (dabei darauf achten, dass die weiße Haut nicht mit entfernt wird) und Saft auspressen. ❊ Eier trennen. Eigelb, Zucker und 200 ml Wasser mit dem Handrührgerät 10 Min. aufschlagen, 100 ml Wasser hinzufügen und weitere 10 Min. schlagen. ❊ Zitronensaft und -schale, Stärke, Mehl und nach und nach die Nüsse unterrühren. ❊ Eiweiß steif schlagen und mit einem Pfannenwender vorsichtig unter die Nussmasse heben. ❊ Teig in eine eingefettete Rundform gießen und 45–60 Min. backen. Gegen Ende der Backzeit eine Messerklinge in die Mitte des Kuchens stechen; bleibt die Klinge sauber, ist der Kuchen durchgebacken.

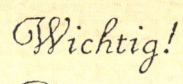

Wichtig!
Damit dieses Rezept gelingt, brauchen Sie
Kraft und Ausdauer, denn der Teig muss
20 Min. ununterbrochen gerührt werden.

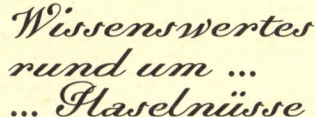

SERVIERVORSCHLAG

Servieren Sie zu diesem
Kuchen Haselnusseis –
eine wahre Köstlichkeit!
Damit der Zauber wirkt,
sollten Sie das Gespräch
während des Essens auf
die Haselnuss lenken.

Wissenswertes rund um ...
... Haselnüsse

Als Haselnuss bezeichnet man
nicht nur die Frucht der
Gewöhnlichen Hasel (*Corylus
avellana*), sondern auch die
der Lambertshasel (*Corylus
maxima*). Der etwa 2–6 m hohe
Haselstrauch gehört zu den
ersten Pflanzen, die Ende des
Winters blühen: Die zarten
gelben Kätzchen – die männ-
lichen Blüten – und die winzigen, Laubknospen ähnelnden
weiblichen Blütenstände mit
ihren buschigen, roten Kronen
zeigen sich ab Mitte Februar.
Pollensuchende Bienen tun
dann das ihre, damit sich
Nüsse bilden.

Kleine Hexenfibel

Ganze Nüsse: Wenn Sie es
nicht eilig haben, verwenden
Sie ganze Haselnüsse, die Sie
frisch mahlen.

Geschmack: Backen Sie den
Kuchen bereits am Vortag,
kommt der Geschmack der
Haselnüsse besser zur Geltung.

Dekoration: Einige Std. vor
dem Servieren Puderzucker
und Kirschwasser glattrühren
und den Kuchen damit überziehen. Haselnüsse schälen
und Kuchen damit garnieren.

☙ 63 ☙

Apfelkuchen
So wird er den Apfel mit Ihnen teilen

Die runde Form, die glatte Schale und die leuchtende grüne,
gelbe oder rote Farbe machen Äpfel (*Malus*) zum Liebessymbol par excellence.
Die Geschichte dieser verführerischen Frucht, die derart zum Hineinbeißen einlädt,
ist eng mit der Frau verbunden. Man denke nur an Eva, die verbotenerweise vom Baum
der Erkenntnis aß. In Märchen und Legenden gilt es als Vorzeichen einer Heirat,
wenn Mann und Frau einen Apfel miteinander teilen. Bei diesem unwiderstehlichen
Kuchen hat Ihr Gast keine Wahl: Er muss den Apfel mit Ihnen teilen.
Und damit – man ahnt es – fängt die Geschichte erst an …

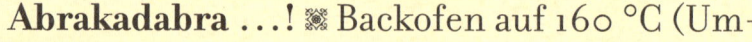

Zutaten
Für 6 Portionen

75 g Butter
3 Eigelb
200 g Zucker
375 g Mehl
1 Päckchen Vanillezucker
1 Päckchen Backpulver
1 Prise Salz
500 ml Milch
Butter zum Einfetten
	der Form
Mehl für die Form
4 Äpfel
2 EL rotes Johannisbeergelee
2 EL Puderzucker

VORBEREITUNG: 20 Min.
BACKZEIT: 45 Min.

Abrakadabra …! ❈ Backofen auf 160 °C (Umluft 140 °C) vorheizen. ❈ Butter bei niedriger Hitze zerlassen. ❈ Eigelb und Zucker schaumig schlagen. ❈ Butter, Mehl, Vanillezucker, Backpulver und Salz untermengen. Nach und nach die Milch unterrühren, bis ein weicher Teig entsteht. ❈ Teig in eine eingefettete, mit Mehl bestäubte Rundform gießen. ❈ Äpfel schälen, Kerngehäuse entfernen und Fruchtfleisch in dünne Spalten schneiden. Teig kreisförmig damit belegen und etwa 40 Min. backen. ❈ Aus dem Backofen nehmen, mit Gelee bestreichen und weitere 5 Min. backen. ❈ Den Apfelkuchen auskühlen lassen, aus der Form stürzen und mit Puderzucker bestäubt servieren.

Collection P. Bunel, photographe-éditeur, Vimoutiers (Orne) - N° 72

Wissenswertes rund um ... ... Apfel

Der Apfel symbolisiert neben Liebe auch Zwietracht. Der Legende nach war Eris, die griechische Göttin der Zwietracht, erbost, weil man sie nicht zur Hochzeit von Thetis und Peleus eingeladen hatte. Aus Rache warf sie einen Apfel in die Hochzeitsgesellschaft, auf dem »Der Schönsten« geschrieben stand. Über die Frage, wem der Apfel gebühre, kam es zwischen Aphrodite, Athene und Hera zum Streit. Paris, den man zum Schiedsrichter bestimmte, entschied sich für Aphrodite. Dieses »Paris-Urteil« löste den Trojanischen Krieg aus. In Frankreich sagt man, die Kerne dieses Apfels hätten sich über die Normandie verstreut und die Apfelbäume hervorgebracht, für die diese Region berühmt ist.

Wichtig!

Besonders gut schmeckt dieser Apfelkuchen zu Cidre, einem Apfelwein.

APROPOS

Der Apfelkuchen schmeckt Groß und Klein, und schon sein Anblick weckt Erinnerungen und Träume.

Kleine Hexenfibel

Variation: Geben Sie 1 Prise Zimt in die zerlassene Butter — er verleiht dem Kuchen eine köstliche, exotische Note.

Apfel: Verwenden Sie Äpfel, die nicht zu saftig sind, wie z. B. Golden Delicious.

⨳ 64 ⨳

Hirsebrei mit Veilchen

Er wird Ihnen
aus der Hand fressen

Eine Biene muss 7500 Pflanzen anfliegen, um 1 kg Honig zu produzieren.
Das sind 200 bis 300 Blüten in der Stunde. Ihre 20 000 Schwestern sammeln den
Blütenstaub von 150 Millionen Blüten, um im Bienenstock etwa 20 kg Honig zu erzeugen.
Honig gehört zu den besonderen Köstlichkeiten unter den süßen Leckereien:
Ob man ihn zum Frühstück auf ein Butterbrot streicht, ihn unter einen Kuchenteig
mischt oder dieses leckere Veilchendessert damit verfeinert, stets hinterlässt
er den Geschmack von Glück auf der Zunge. Nach diesem Genuss wird
Ihr Verehrer Ihnen mit Sicherheit »aus der Hand fressen«!

Zutaten
Für 4 Portionen

4 Handvoll Duftveilchen
(*Viola odorata*)
500 ml Milch
12 EL Hirseflocken
4 EL Honig

VORBEREITUNG: 5 Min.
ZIEHZEIT: 15 Min.
KOCHZEIT: 10 Min.

Abrakadabra ...! ⊠ Veilchenblüten in der lauwarmen Milch 15 Min. ziehen lassen. Milch durchseihen. ⊠ Hirseflocken in die Milch geben und bei niedriger Hitze 10 Min. köcheln lassen. ⊠ Honig unterrühren und den Hirsebrei in eine Schüssel füllen.

Kleine Hexenfibel

Hirse: Hirseflocken sind in Naturkostläden erhältlich.

Aroma: Duften die Veilchen nicht stark genug, verfeinern Sie den Brei am Ende der Kochzeit mit natürlichem Veilchenaroma.

Wissenswertes rund um ... ... Bienen

»Wenn die Biene von der Erde verschwindet, hat der Mensch noch vier Jahre zu leben«, wird Albert Einstein zitiert. Heute beklagen wir das Bienensterben, weil wir wissen, welch wichtige Rolle die Hautflügler für die Natur spielen. Bienen saugen den Nektar oder Honigtau aus den Blüten. Pollen, der dabei an ihnen hängenbleibt, transportieren sie auf die Blütennarbe der Nachbarpflanze und sorgen für deren Bestäubung und Befruchtung. Bei den Hindus und den präkolumbianischen Mayas galt die Biene als Gottheit. In Ägypten erhielten Soldaten für ihren Gehorsam gegenüber dem Pharao eine Biene aus Gold. Bevor die Lilie an ihre Stelle trat, war die Biene in Frankreich das Attribut der Könige: Napoleons Krönungsornat war mit Bienenmotiven verziert.

SERVIERVORSCHLAG

Wenn Sie als Vorspeise Salat und Walnusskäse servieren, eignet sich dieses Gericht als leichte und bekömmliche Mahlzeit, die das Aroma der Veilchen und den Geschmack des Honigs besonders hervorhebt.

Wichtig!

Hirsebrei eignet sich als Frühstück, als nachmittäglicher Imbiss oder als leichtes Abendessen.

Hirse

153

❧ 65 ❧

Borretschpudding
Wollen Sie ihn ermutigen?

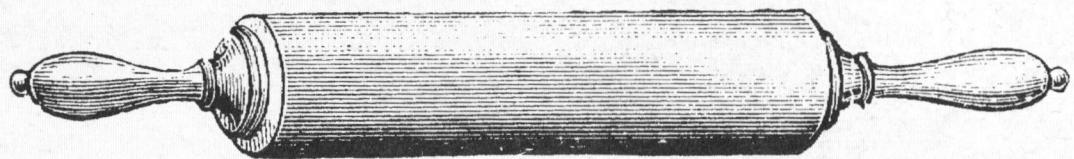

»Ich, der Borretsch, bringe immer Freude«, schrieb der römische Schriftsteller Plinius. Die Griechen glaubten, er verleihe Mut – ein Glaube, der die Jahrhunderte überdauert hat. Borretschpudding empfiehlt sich also, wenn Ihrem Verehrer der Mut fehlt, Ihnen seine Liebe zu gestehen, denn das Gericht ist bestens geeignet, ihn mit kulinarischem Zauber in seiner Absicht zu bestärken: So kann er frohen Mutes etwas wagen ...

Zutaten
Für 6 Portionen

1 kg junge Borretschblätter
40 g Butter
50 g Mehl
250 ml Milch
5 Eigelb
120 g geriebener Emmentaler
geriebene Muskatnuss nach
 Geschmack
Salz und Pfeffer
Butter zum Einfetten der Form

VORBEREITUNG: 10 Min.
KOCH- UND BACKZEIT: 50 Min.

Abrakadabra ...! ❖ Backofen auf 180 °C (Umluft 160 °C) vorheizen. ❖ Borretsch in kochendem Salzwasser 10 Min. blanchieren, abgießen und trockentupfen. ❖ In der Zwischenzeit Butter zerlassen, Mehl hinzufügen und Milch langsam angießen. Topf vom Feuer nehmen, Eigelb, Käse und Borretsch in die Sauce rühren und mit Muskat, Salz und Pfeffer würzen. ❖ In eine eingefettete Kastenform gießen, Form in ein Wasserbad stellen und den Pudding im Backofen etwa 40 Min. garen.

Kleine Hexenfibel

Fest: Der Pudding ist fertig, wenn sich die Oberfläche einigermaßen fest anfühlt.

Geschmack: Borretschblüten schmecken wie Austern … oder Gurke.

Vielseitig: Borretschblüten eignen sich zum Garnieren von Eiswürfeln und pikanten oder süßen Salaten und können auch kandiert werden.

Wissenswertes rund um … … Borretsch

Der in Westeuropa auch wildwachsende Borretsch (*Borago officinalis*) wird in Nordamerika kultiviert. Man erkennt ihn an seinen sternförmigen, meist leuchtend blauen, manchmal auch weißen oder rosafarbenen Blüten, die im Juni und Juli in Trauben erscheinen. Borretsch gedeiht vor allem auf Brachflächen und Schutthalden. Er ist unter anderem Bestandteil der Frankfurter Grünen Sauce. Borretsch enthält das Alkaloid Thesinin, das Süßwaren Geschmack verleiht und bei der Herstellung von Honigbonbons verwendet wird.

SERVIERVORSCHLAG

Servieren Sie zum Borretschpudding einen Gurkensalat – oder Austern, die ja bekanntlich eine aphrodisische Wirkung haben: Die Kombination wirkt Wunder, wenn es an Mut fehlt.

Wichtig!

Borretschpudding kann heiß, lauwarm oder kalt gegessen werden und eignet sich hervorragend für ein Buffet.

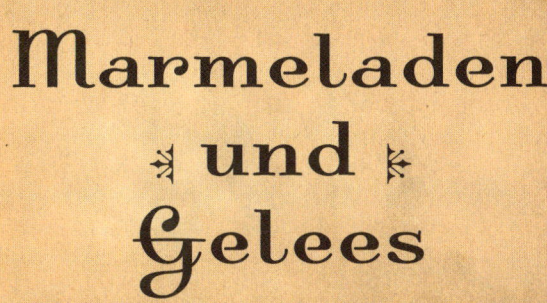

Marmeladen
✳ und ✳
Gelees

❧ 66 ☙

Löwenzahnmarmelade

Sind Sie die Frau seiner Träume?

Die flaumigen Pusteblumen werden gerne als Orakel befragt.
Man sucht darin Antworten auf Fragen, die einem schlaflose Nächte bereiten.
Liebt er mich? Das herauszubekommen, ist ganz einfach. Blasen Sie dreimal
gegen die Pusteblume. Bleibt nur ein haariger Flugschirm übrig, lautet die Antwort ja.
Machen Sie also einfach den Löwenzahntest, wenn Sie wissen wollen,
ob Sie die Frau seiner Träume sind.

Zutaten

Für 4 Portionen

400 g Löwenzahnblüten
2 unbehandelte Orangen
2 unbehandelte Zitronen
1,5 l Wasser
1 kg Gelierzucker

VORBEREITUNG: 10 Min.
KOCHZEIT: 70 Min.

Abrakadabra …! ❈ Blüten waschen und auf Küchenpapier in der Sonne trocknen. ❈ Zitrusfrüchte waschen und kleinschneiden. ❈ Einen Marmeladentopf mit Wasser füllen, Blüten und Zitrusfrüchte hineingeben und 1 Std. köcheln lassen. ❈ In ein feines Sieb abgießen und die Früchte gut ausdrücken. ❈ Den Marmeladentopf sorgfältig reinigen. Saft und Zucker darin bei mittlerer Hitze 10 Min. kochen. ❈ Die Marmelade sofort in Gläser füllen, diese verschließen und auf den Kopf stellen, bis die Löwenzahnmarmelade vollständig erkaltet ist.

Wichtig!
Die Löwenzahnblüten müssen beim Kochen im Wasser schwimmen.

Wissenswertes rund um ... ... Löwenzahn

Der Löwenzahn (*Taraxacum officinale*), dessen Blüten, Blätter und Wurzeln in der Küche Verwendung finden, ist eine Pflanze, bei der es streng nach der Uhr geht: Jeden Morgen bei Sonnenaufgang öffnet sie ihre Blüten, um sie bei Sonnenuntergang zu schließen. Da sie so den Schäfern die Zeit der Hütearbeit anzeigt, nennt man sie in der Schweiz, wo man 150 verschiedene Namen für Löwenzahn kennt, »Schäferuhr«. Löwenzahn gilt überdies als Wetterprophet: Fliegen die Schirmchen davon, obwohl sich kein Lüftchen regt, wird es in Kürze regnen.

Kleine Hexenfibel

Löwenzahn: Einer der zahllosen volkstümlichen Namen des Löwenzahns ist »Bettnässer« – ein Hinweis auf die harntreibende Wirkung der Pflanze.

Ernte: Löwenzahn kann von April bis September geerntet werden. Die Blüten müssen weit geöffnet sein und sollten sich fernab vielbefahrener Straßen befinden.

Blüten: Vor der Verarbeitung sollten die Blüten einige Std. in der Sonne trocknen.

SERVIERVORSCHLAG

Servieren Sie die Löwenzahnmarmelade zu einem intimen Mahl auf einem mit Löwenzahnblüten dekorierten Dessertteller – ein unentbehrliches Accessoire für die kleine Hexerei, die Sie vorhaben ...

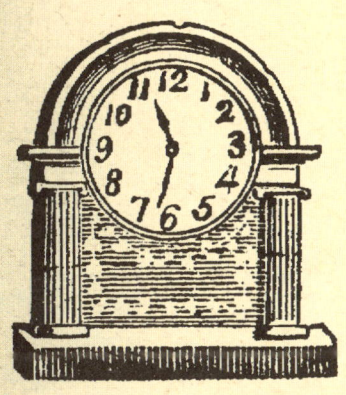

❦ 67 ❦
Eibischblütenmarmelade
So bleiben Sie standhaft

In Afrika und Asien verwendet man den Straucheibisch (*Hibiscus syriacus*),
ein Malvengewächs, gerne in der Küche. Als Nationalblume Südkoreas
wird die Pflanze in der Nationalhymne des Landes besungen,
denn man sagt ihr eine außerordentliche Widerstandsfähigkeit nach, eine Eigenschaft,
die die Koreaner an die Beharrlichkeit und Entschlossenheit erinnert,
die sie im Laufe ihrer Geschichte immer wieder unter Beweis stellen mussten.
Wenn Sie diese Marmelade aus Eibischblüten also in Gesellschaft Ihres Verehrers genießen,
wird es Ihnen bestimmt gelingen, ihm noch eine Weile zu widerstehen …

Zutaten
Für 6 Gläser à 50 ml

100 g getrocknete
Eibischblüten
1 l Wasser
500 g Gelierzucker

VORBEREITUNG: 30 Min.
KOCHZEIT: 20 Min.

Abrakadabra …! ❈ Blüten unter fließendem kalten Wasser waschen. ❈ Wasser in einen Topf füllen, Blüten hineingeben, Deckel auflegen und zum Kochen bringen. 15 Min. kochen lassen. ❈ Flüssigkeit durch ein Tuch in einen Topf mit dickem Boden seihen. ❈ Mit einem Schneebesen 2 EL Gelierzucker hineinrühren, aufkochen und 1 Min. kochen lassen. ❈ Den restlichen Gelierzucker hinzufügen und nochmals 3 Min. kochen. ❈ Die Marmelade in Gläser füllen, diese verschließen und auf den Kopf stellen, bis die Marmelade vollständig erkaltet ist.

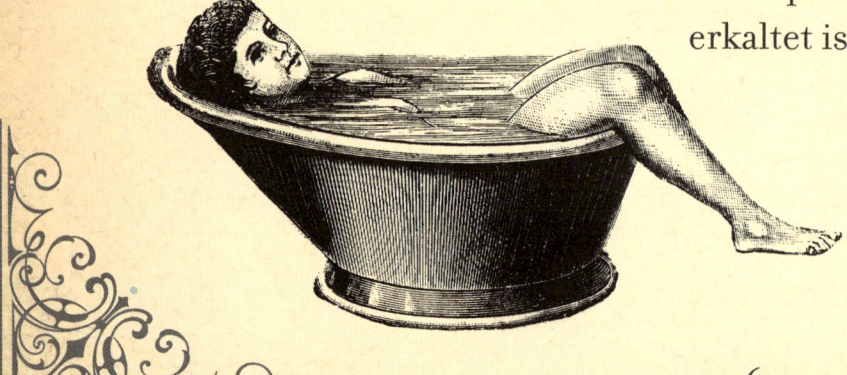

Wissenswertes rund um ... ... Eibisch

Der Straucheibisch ist ein Verwandter des Echten Eibischs (*Althaea officinalis*), einer bis zu 1,5 m hohen Staude mit behaartem Stängel und graugrünen Blättern. Von Juli bis September erscheinen die blassrosa, hellvioletten oder weißen Blüten. Auf die heilende Wirkung des Echten Eibischs, der als Hustenmittel verwendet wird, weist schon der botanische Name *Althaea* hin, der sich vom griechischen *althaino* – ich heile – ableitet. Straucheibisch (*Hibiscus syriacus*) wiederum wird wegen seiner gefäßschützenden Eigenschaften geschätzt.

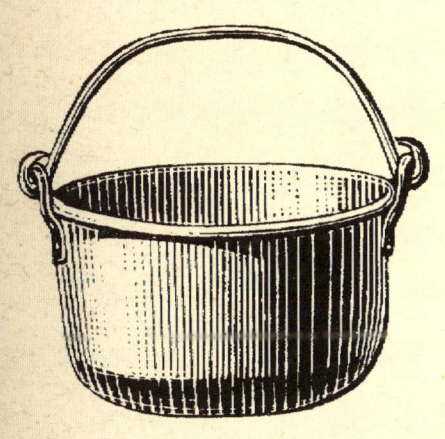

Kleine Hexenfibel

Blüten: Eibischblüten sind in gut sortierten Gewürzhandlungen oder über das Internet erhältlich.

Waschen: Die Blüten müssen mehrmals gewaschen werden, da häufig Erde oder Sand an ihnen haftet.

Farbe: Der Sud, den man nach dem Kochen der Blüten erhält, besitzt eine kräftige Farbe.

Kochen: Die Marmelade muss insgesamt dreimal aufgekocht werden.

SERVIERVORSCHLAG

Eibischblütenmarmelade ist eine afrikanische Spezialität. Servieren Sie sie mit Minzeblättern garniert zum Dessert und reichen Sie dazu Eiscreme und Kekse.

Wichtig!
Die Marmelade sollte vor dem Verzehr einige Tage ruhen.

❧ 68 ❧

Weißdornmarmelade mit Himbeeren

Wenn die Liebe Sie wie ein Blitz trifft

Ein Tanz unter dem Weißdornstrauch gehörte zu den Riten der Hexen,
die, in Katzen, Kaninchen und andere Nachttiere verwandelt, die Nächte
unter den gewundenen Ästen des unförmigen Strauches durchtanzten.
Dennoch ist der Eingrifflige Weißdorn (*Crataegus monogyna*) nie zu einem Symbol
der Hexerei geworden. Vielmehr sollen Schlangen, Hexen und andere Ausgeburten
der Hölle abgewehrt werden, wo Weißdornzweige aufgehängt wurden.
Auch heißt es, Weißdorn, den man am 1. Mai pflückt, schütze vor Blitzschlag.
Für die Liebe, die Sie wie ein Blitz trifft, gilt dies allerdings nicht …

Zutaten

Für 6 Portionen

2 kg Weißdornfrüchte
500 g Himbeeren
1,7 kg Zucker

VORBEREITUNG: 20 Min.
KOCHZEIT: 30 Min.

Die Kunst, mitten ins Herz zu treffen …

Abrakadabra …! ❈ Weißdornfrüchte mit der Gabel von den Stielen streifen und waschen. ❈ In einen Topf geben, mit Wasser bedecken und etwa 15 Min. weich kochen. ❈ Durch ein mit einem feinmaschigen Tuch ausgelegtes Sieb passieren und den Saft in den gesäuberten Topf gießen. ❈ Himbeeren und Zucker hinzufügen und bei starker Hitze unter ständigem Rühren 15 Min. kochen. ❈ Marmelade sofort in Gläser füllen, diese verschließen und auf den Kopf stellen, bis die Weißdornmarmelade vollständig erkaltet ist.

Weißdornmarmelade schmeckt vorzüglich auf kleinen Toasts, die man zu einem Wildgericht reicht.

Wichtig!

Rechnen Sie 3 Teile Zucker auf 4 Teile Früchte, also z. B. 1,5 kg Zucker auf 2 kg (entsteinte) Früchte.

Kleine Hexenfibel

Gelierprobe: Um festzustellen, ob die Marmelade lange genug gekocht hat, geben Sie einige Tropfen auf einen Teller: Wird die Marmelade fest, ist sie fertig.

Deckel: Die Gläser sollten sofort nach dem Befüllen verschlossen werden.

Gelierzucker: Möchten Sie anstelle des herkömmlichen Zuckers Gelierzucker verwenden, beachten Sie bitte die Anweisungen auf der Verpackung.

Wissenswertes rund um ...
... Weißdorn

Der Eingrifflige Weißdorn (*Crataegus monogyna*) wird häufig mit der Schlehe (*Prunus spinosa*) verwechselt. Zu unterscheiden sind die Pflanzen daran, dass die Blüten des Weißdorns erst nach den Blättern erscheinen, während die Schlehe bereits blüht, ehe sie Blätter trägt. Der Eingrifflige Weißdorn ist ein Strauch, der eine Höhe von 2 bis 8 m erreicht und kleine, dunkelgrüne, mehr oder weniger gezackte Blätter trägt. Er blüht im Mai und Juni und trägt im September Früchte – kleine, rote Beeren, die leicht mehlig und zart im Geschmack sind.

✾ 69 ✾
Kürbismarmelade mit Rosinen

Lassen Sie die Masken fallen

Der Gartenkürbis (*Cucurbita pepo*) ist das Symbol des traditionellen amerikanischen Halloween-Festes, das sich seit einigen Jahren auch in Europa wachsender Beliebtheit erfreut. Die Kürbisse werden ausgehöhlt, mit furchterregenden Gesichtern versehen und von innen beleuchtet vor die Häuser gestellt, wenn die Kinder losziehen, um Süßigkeiten einzufordern. Deren gruselige Kostümierung lässt an Fasching oder Karneval und bestimmte Osterbräuche denken. Wenn Sie diese Kürbismarmelade servieren, ist also der Moment gekommen, die Masken fallen zu lassen.

Zutaten

Für 6 Portionen

1 Gartenkürbis (2 kg)
2 kg Zucker
150 g Rosinen
2 unbehandelte Zitronen

VORBEREITUNG: 30 Min.
ZIEHZEIT: 24 Std.
KOCHZEIT: 1 Std.

Abrakadabra …! ❈ Kürbis schälen, Kerne entfernen und Fruchtfleisch in Würfel schneiden. In eine

Schüssel geben, Zucker hinzufügen und 24 Std. ziehen lassen. ❈ Rosinen waschen und in kaltem Wasser 24 Std. einweichen. ❈ Dann abgießen und das Wasser auffangen. ❈ Zitronen heiß waschen, Schale mit einem Zestenreißer abschälen und das Fruchtfleisch in Scheiben schneiden. ❈ Rosinen und Kürbis mit Zitronenschale und -scheiben sowie 50 ml Einweichwasser in einen Schmortopf geben und bei mittlerer Hitze 1 Std. kochen. ❈ Die Marmelade sofort in Gläser füllen, diese verschließen und auf den Kopf stellen, bis die Kürbismarmelade vollständig erkaltet ist.

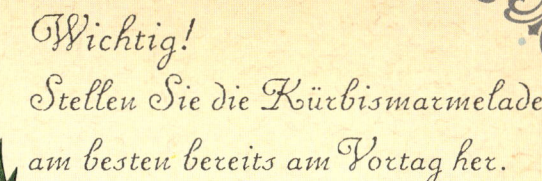

Wichtig!
Stellen Sie die Kürbismarmelade
am besten bereits am Vortag her.

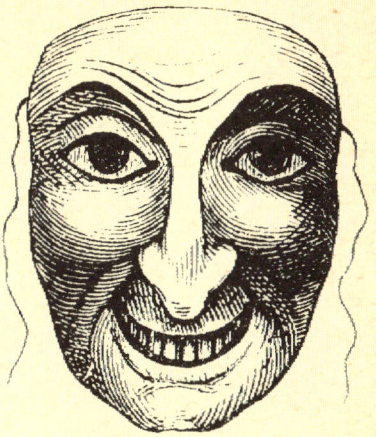

Kleine Hexenfibel

Gartenkürbis: Für diese Art Kürbis gibt es eine Vielzahl von Rezepten. Besonders gerne wird er für Suppen und Tartes verwendet.

Kürbiskopf: In Frankreich ist »Kürbis« ein gerne gebrauchtes Synonym für »Kopf«. So sagt man etwa, jemand habe einen großen Kürbis, es dröhne einem der Kürbis oder man haue jemandem eins über den Kürbis.

Wissenswertes rund um ... ... den Kürbis

In der französischen Fassung des Märchens vom Aschenputtel nach Charles Perrault, die auch als Vorlage für den bekannten Zeichentrickfilm diente, spielt der Kürbis – den der Dichter als »die schönste Frucht des ganzen Gemüsegartens« rühmt – eine entscheidende Rolle: Eine Fee verwandelt ihn in eine Kutsche, die Aschenputtel in letzter Minute zum Ball mit dem Prinzen bringt.

SERVIERVORSCHLAG

Servieren Sie die Kürbismarmelade passend zur Jahreszeit auf einem bunten, herbstlich gedeckten Tisch.

❧ 70 ❧
Erdbeermarmelade
mit Balsamico
Für einen stressfreien Abend

Erdbeeren (*Fragaria*) sind nicht nur köstliche Früchte, sondern auch reich
an Vitaminen und Magnesium, einem Mineralstoff, der bei Stress wärmstens empfohlen
wird – und diesem Zustand sind frisch Verliebte bekanntlich recht häufig ausgesetzt,
vor allem wenn sie sich dem oder der Angebeteten noch nicht offenbart haben.
In solchen Fällen helfen 3 TL Erdbeerkonfitüre mit Balsamico zum Nachmittagsimbiss,
denn das entspannt und macht Mut für den Abend.

Zutaten
Für 4 Portionen

500 g Erdbeeren
400 g Zucker
bunter Pfeffer
Saft von 1 Zitrone
3 EL Balsamico-Essig

⏰

VORBEREITUNG: 1 Std.
ZIEHZEIT: 24 Std.
KOCHZEIT: 1 Std.

Abrakadabra …! ❈ Erdbeeren kurz unter
fließendem kalten Wasser waschen, trockentupfen und entstielen. ❈ In einen Marmeladentopf geben, Zucker hinzufügen,
etwas Pfeffer darübermahlen, mit Zitronensaft beträufeln und 12 Std. ziehen lassen. ❈ Mischung aufkochen, Topf vom Feuer
nehmen und an einem kühlen Ort weitere
12 Std. ziehen lassen. ❈ Mischung durchseihen, Sirup in den Topf gießen und 10 Min.
kochen lassen. ❈ Erdbeeren wieder dazugeben und etwa 10 Min. kochen, bis die Marmelade eindickt. ❈ Essig hinzufügen, Marmelade aufkochen und den Herd ausschalten,
sobald sie zu kochen beginnt. ❈ Die Erdbeemarmelade
in Gläser füllen und diese erst verschließen, wenn die
Marmelade vollständig erkaltet ist.

Wichtig!
Damit die Erdbeeren nicht nach oben steigen, dürfen die
Gläser nach dem Befüllen nicht sofort verschlossen werden.

APROPOS

Diese ebenso belebende wie das Selbstvertrauen stärkende Marmelade erfreut Auge, Nase und Gaumen.

Kleine Hexenfibel

Geduld: Lassen Sie die Marmelade etwas abkühlen, ehe Sie sie lauwarm in die Gläser füllen, damit sich die Erdbeeren mit Sirup vollsaugen und eine hübsche Form annehmen.

Erdbeerrot: Damit Farbe und Form der Früchte erhalten bleiben, sollten Sie nicht mehr als 500 g Erdbeeren auf einmal zubereiten.

Wissenswertes rund um ... ... Balsamico-Essig

Der Balsamico-Essig stammt aus dem italienischen Modena, wo er nach traditionellen Verfahren aus Weißweintrauben hergestellt wird. Nach dem Keltern wird der Most zu einem Sirup mit einer Konzentration von 30–50 % eingekocht, dem man zur Vergärung einen mind. 10 Jahre alten Balsamico-Essig und frischen Wein zusetzt. Während des 1–25 Jahre dauernden Reifeprozesses wird der Essig in verschiedenen Fässern gelagert, deren Holzarten – Eiche, Kastanie, Maulbeere, Kirsche und Wacholder – ihm seinen besonderen Geschmack verleihen.

❧ 71 ❧

Kiwimarmelade mit Lavendelhonig

Hören Sie schon die Hochzeitsglocken läuten?

Lavendelhonig ist ein hervorragendes Heilmittel, vor allem gegen Kopfschmerzen. Überhaupt sind Produkte aus Honig, seien es Blütenpollen, Propolis, Gelée royale oder Met, außerordentlich gefragt. In der nordischen Mythologie galt Met als Göttertrank, und in Skandinavien servierte man den Honigwein allen Jungvermählten. Vielleicht gehören auch Sie dank dieser köstlichen Marmelade bald zu den Glücklichen, die ihren Honigmond feiern …

Zutaten
Für 5 Gläser à 50 ml

50 g Erdbeeren
3 Kiwis
50 g Himbeeren
Saft von $\frac{1}{2}$ Zitrone
75 g Gelierzucker
75 g Lavendelhonig
1 TL gemahlener Ingwer

VORBEREITUNG: 20 Min.
ZIEHZEIT: 12 Std.
KOCHZEIT: 6 Min.

Abrakadabra …! ✺ Erdbeeren kurz unter fließendem kalten Wasser waschen und entstielen. Kiwis schälen. ✺ Erdbeeren und Kiwis kleinschneiden und in eine Schüssel geben. Die restlichen Zutaten hinzufügen und alles gut vermischen. ✺ Schüssel mit Frischhaltefolie abdecken und die Früchte über Nacht ziehen lassen. ✺ Mischung in einem Marmeladentopf bei starker Hitze 4 Min. erwärmen. Fruchtfleisch mit einer Gabel zerdrücken und 2 Min. kochen lassen. ✺ Marmelade sofort in Gläser füllen, diese verschließen und auf den Kopf stellen, bis die Kiwimarmelade vollständig erkaltet ist.

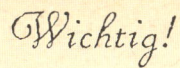

Wichtig!
Die Früchte müssen mind. 12 Std. ziehen.

Wissenswertes rund um ...
... Himbeeren

Der Legende nach verdankt die Himbeere ihre Farbe dem Blut Idas, der Frau des Königs von Kreta und Amme des Zeus. Um das göttliche Kind zu beruhigen, gab sie ihm eine Himbeere. Beim Pflücken verletzte sie sich an den Dornen, und das Blut, das von ihrer Brust tropfte, färbte die bis dahin weißen Beeren rot. Auf diese Legende geht möglicherweise auch der botanische Name der Himbeere, *Rubus ideaus*, zurück – oder aber auf den Berg Ida auf Kreta, von dem sie laut Plinius stammt.

Kleine Hexenfibel

Gläser: Spülen Sie Gläser und Deckel vor Gebrauch mit kochendem Wasser aus und lassen Sie sie auf Küchenpapier trocknen.

Kiwi: In Anspielung auf ihre Herkunftsregion nannte man die Kiwi früher »Chinesische Stachelbeere«. Die Neuseeländer, die sie ab 1910 züchteten, erinnerte die pelzige Schale an ihren Wappenvogel, und so gaben sie ihr seinen Namen.

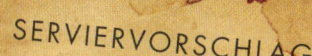

SERVIERVORSCHLAG

❋

Kiwimarmelade mit Himbeeren passt vorzüglich zu einem gemütlichen Nachmittagsimbiss, kann aber auch auf Toaststücke gestrichen und zu Ziegenkäse serviert werden.

❧ 72 ❧

Melonenmarmelade mit Orange

Wünschen Sie sich ein paar Zeilen von ihm?

Alexandre Dumas der Ältere (1802–1870), der Schöpfer der *Drei Musketiere*, liebte Cavaillon-Melonen. Als er der Stadt Cavaillon, der »Hauptstadt der Melonen«, sein 400 Bände umfassendes Werk vermachte, verlangte er als Gegenleistung lediglich eine Leibrente in Höhe von zwölf Melonen jährlich – eine Forderung, der die Stadt gerne nachkam. Wie wäre es, wenn Sie Ihren Liebsten bitten, Ihnen als Gegenleistung für ein Glas dieser Melonenmarmelade ab und an zu schreiben, und seien es nur einige Zeilen?

Zutaten

Für 8 Gläser à 370 ml

1,6 kg Zucker- oder Honigmelone

400 g Orange

1 kg Gelierzucker

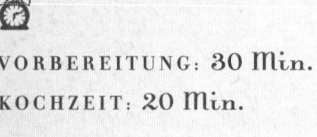

VORBEREITUNG: 30 Min.
KOCHZEIT: 20 Min.

Abrakadabra …! ❖ Melonen und Orangen schälen, Kerne entfernen und Fruchtfleisch kleinschneiden. ❖ Fruchtstücke mit dem Zucker in einen großen Topf geben. Unter gelegentlichem Rühren bei mittlerer Hitze aufkochen und 20 Min. kochen lassen. ❖ Marmelade in Gläser füllen, diese verschließen und auf den Kopf stellen, bis die Melonenmarmelade vollständig erkaltet ist.

Wissenswertes rund um ...
... Melonen

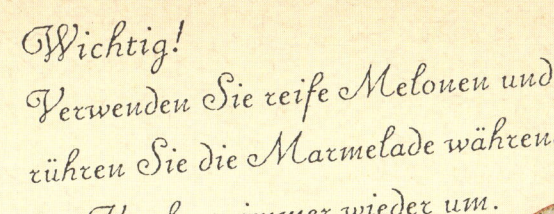

Die Melone war ursprünglich in Indien und den Wüsten Afrikas zu Hause. Schon vor 2500 Jahren wurde sie in Ägypten kultiviert. Später entdeckten Griechen und Römer sie für sich. Italienische Mönche pflanzten Melonensamen aus Armenien in der Region Cantalupo an, der die Cantaloupe-Melone ihren Namen verdankt. Geerntet werden Melonen von Juli bis September. Beliebt sind vieler ihrer Sorten: Galia-Melonen mit hellgrünem Fruchtfleisch, Charentais-Melonen mit süßem, orangefarbenem Fruchtfleisch, gelbe Honigmelonen mit weißem bis hellgrünem Fruchtfleisch …

Wichtig!
Verwenden Sie reife Melonen und rühren Sie die Marmelade während des Kochens immer wieder um.

Kleine Hexenfibel

Menge: Mit diesem Rezept können Sie gleich einen größeren Vorrat dieser köstlichen Marmelade herstellen.

Wasser: Melonenmarmelade ist besonders kalorienarm, denn Melonen saugen sich während des Wachstums mit Wasser voll. Eine reife Melone besteht zu 88 % aus Wasser.

Würze: Möchten Sie der Marmelade eine würzige Note verleihen, verfeinern Sie sie mit je 1 Prise Ingwer und Pfeffer.

APROPOS

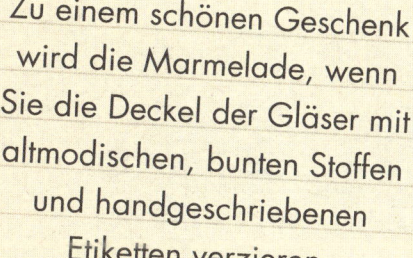

Zu einem schönen Geschenk wird die Marmelade, wenn Sie die Deckel der Gläser mit altmodischen, bunten Stoffen und handgeschriebenen Etiketten verzieren.

❧ 73 ❧

Rosenmarmelade
Sagen Sie es durch die Blume

Rosen (*Rosa*) gelten als Königinnen unter den Blumen und sind seit mehr als
3000 Jahren in allen Kulturen anzutreffen. Im antiken Rom verfeinerte
man Wein mit Rosenblättern oder ließ diese auf die Gäste herabregnen.
Ob weiß oder rot, die Rose ist immer Ausdruck der Liebe und der Leidenschaft.
Der Auserwählte Ihres Herzens wird also erkennen, dass es Ihnen ernst ist,
wenn Sie ihm Rosenmarmelade anbieten – und vielleicht verlangt er,
ermutigt durch diese Gewissheit, schon bald wieder danach.
Vielleicht bei einem Frühstück im Bett?

Zutaten
Für 7 Gläser à 370 ml

500 g Rosenblätter
Saft von 1 Zitrone
2 kg Zucker
1 l Wasser

⏰

VORBEREITUNG: 40 Min.
ZIEHZEIT: 24 Std.
KOCHZEIT: 70 Min.

Abrakadabra …! ❀ Ansätze der Rosenblätter abschneiden, damit die Marmelade nicht bitter wird. ❀
Blätter in kochendem Wasser 2 Min. blanchieren, dann
abtropfen lassen. ❀ In eine Schüssel geben, mit
Zitronensaft beträufeln und einzeln auf einer Platte
verteilen. ❀ Zucker in einem Marmeladentopf mit
Wasser aufkochen. ❀ Rosenblätter in den Sirup geben
und sehr vorsichtig umrühren. ❀ Topf vom Feuer
nehmen und Marmelade 24 Std. ziehen lassen. ❀ Die
Rosenmarmelade bei nied-
riger Hitze 1 Std. köcheln
lassen und sofort in Gläser
füllen.

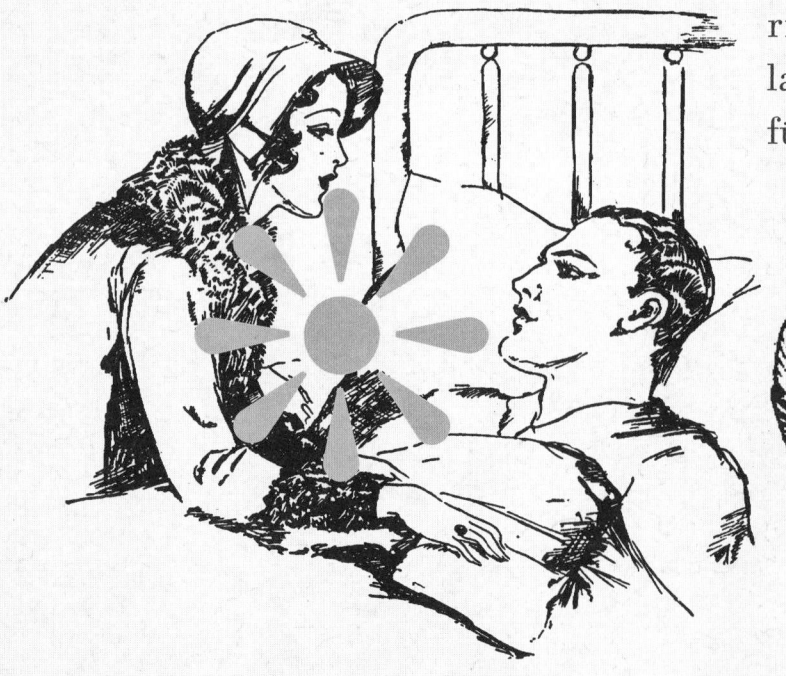

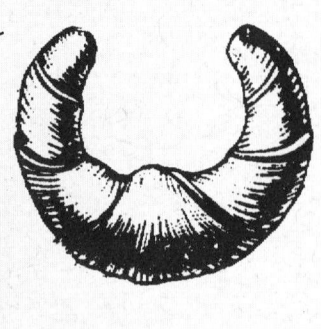

172

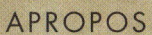

Mehr Wissens-
wertes rund um ...
... Rosen

Der *Rosenroman* ist eines der
berühmtesten Werke der
mittelalterlichen französischen Literatur. Der rund
22 000 Verse umfassende
allegorische Roman wurde um
1237 von Guillaume de Lorris
begonnen und um 1275 von
Jean de Meung fortgeführt. In
diesem Traumbericht schildert
der Ich-Erzähler, wie er eine
Rose begehrt – die seine Liebe
zu einem jungen Mädchen
symbolisiert – und sie brechen
möchte. Die übrigen Figuren
sind Allegorien wie die Ver-
nunft oder mythologische
Figuren wie Amor.

Wichtig!
Lassen Sie die Marmelade
24 Std. ziehen.

Kleine Hexenfibel

Durchsichtig: Die Marmelade
ist fertig, wenn die Rosenblüten
durchsichtig geworden sind.

Sorgfältig: Trennen Sie die
Rosenblätter sorgfältig voneinander, damit sie nicht
zusammenkleben.

Beständig: Die sogenannte
Rosenhochzeit feiert man nach
10 Ehejahren – eine ansehn-
liche Zeitspanne für eine so
fragile Blume.

❦ 74 ❦

Lavendelgelee
Zweifeln Sie an ihm?

Mit seinen schmalen, graugrünen Blättern und den ährenförmigen,
blauvioletten Blüten ist der Lavendel (*Lavandula angustifolia*) nicht zu übersehen.
Er prägt die Landschaften am Mittelmeer und ziert so manchen Garten.
Leider aber steht der Lavendel in keinem guten Ruf, ist er doch das Symbol des Misstrauens.
Haben Sie Grund zu der Annahme, dass Ihr Liebster Sie betrügt?
Sind Sie blauäugig oder scharfsichtig? Beschleichen Sie quälende Zweifel?
Dann stellen Sie ihn mit diesem Lavendelgelee auf die Probe.

Zutaten
Für 6 Gläser à 50 ml

250 g Lavendelblüten
600 ml Apfelsaft
875 g Gelierzucker

VORBEREITUNG: 20 Min.
ZIEHZEIT: 15 Min.
KOCHZEIT: 40 Min.

Abrakadabra …! ❈ Lavendelblüten unter fließendem kalten Wasser waschen. ❈ In einen Topf mit dickem Boden geben, Apfelsaft hinzufügen und zum Kochen bringen. Deckel auflegen und Topf vom Feuer nehmen, sobald die Flüssigkeit zu kochen beginnt. ❈ 15 Min. abkühlen lassen, dann durchseihen. ❈ 500 ml Flüssigkeit abmessen und in den Topf zurückgießen. Zucker hinzufügen und bei mittlerer Hitze unter ständigem Rühren zum Kochen bringen, dann sofort vom Feuer nehmen. ❈ Das Lavendelgelee abkühlen lassen und in die heiß ausgespülten, getrockneten Gläser füllen.

Wissenswertes rund um ... ... Lavendel

Der Lavendel (*Lavandula angustifolia*) ist ein Halbstrauch, der 60 cm hoch werden kann. Er gedeiht auf Geröllhalden, sonnigen Hügeln und trockenen, felsigen Böden. Die Blüten mit dem intensiven, charakteristischen Duft werden im Juli und August geerntet. Getrocknet und in kleine Stoffsäckchen gefüllt, werden sie gerne als Mottenschutz und zur Verbreitung eines angenehmen Dufts in Schränken verwendet.

Wichtig!
Eine Lavendelblüte, die vor dem Verschließen der Gläser auf das Gelee gelegt wird, verleiht ihm eine ganz besondere Note. Allerdings verkürzt sich dadurch die Haltbarkeitsdauer.

SERVIERVORSCHLAG

Dieses aromatische Gelee eignet sich hervorragend zum Verfeinern einfacher Kuchen oder Tartes. Um Ihren Tee zu aromatisieren, lassen Sie einen Lavendelzweig kurz darin ziehen.

Kleine Hexenfibel

Kräuterkissen: Füllen Sie ein kleines Kissen mit Baldrian, Thymian, Hopfen und einigen Stängeln Lavendel und legen Sie es unter Ihr Kopfkissen – so hat die Schlaflosigkeit ein Ende, und Sie werden wunderbar träumen.

❧ 75 ☙

Geißblattmarmelade
Umschlingen Sie ihn mit zarten Ranken

Das Wald-Geißblatt (*Lonicera periclymenum*) mit seinem zarten,
frischen Duft blüht im Wonnemonat Mai, mit dem wir es auch meist
in Verbindung bringen. Manchen gilt es allerdings als schlechtes Omen,
da sein Name an den »bocksbeinigen Satyr« aus der griechischen Mythologie
denken lässt. Ein Geißblatt wuchs aber auch auf dem Grab von Abaelard
und Heloïse, jenem legendären Paar, das Verliebte seit dem 12. Jahrhundert fasziniert.
Denn das Geißblatt ist Sinnbild zärtlicher, selbstloser Liebe und Verbundenheit.
Nehmen Sie sich diese verschlungene Pflanze also zum Vorbild und handeln Sie.

Zutaten
Für 6 Gläser à 50 ml

400 g Geißblattblüten
800 g Gelierzucker
100 ml Wasser

VORBEREITUNG: 10 Min.
ZIEHZEIT: 12 Std.
KOCHZEIT: 20 Min.

Abrakadabra …! ❊ Blüten vorsichtig schütteln, um
Schmutz zu entfernen. ❊ In einen Marmeladentopf
legen, mit der Hälfte des Zuckers bedecken, Wasser
hinzufügen und umrühren. ❊ Für 12 Std. in den Kühlschrank stellen. ❊ Mischung bei niedriger Hitze zum
Kochen bringen und den restlichen Zucker dazugeben,
sobald sie kocht. ❊ 7 Min. kochen lassen. Die Geiß-
blattmarmelade sofort in Gläser füllen und diese verschließen.

Kleine Hexenfibel

Menge: Für diese Marmelade benötigen Sie eine Schüssel voll Blüten.

Aroma: Die Blüten dürfen nicht gewaschen werden, damit sie ihr Aroma bewahren und der Nektar nicht verlorengeht.

Gelierzucker: Für dieses Rezept eignet sich am besten Gelierzucker. So verringert sich die Kochzeit, und das Aroma der Blüten bleibt erhalten.

Wissenswertes rund um ... ... Geißblätter

Geißblätter gehören zur Familie der Geißblattgewächse (*Caprifoliaceae*), deren Beeren ungenießbar sind und Übelkeit und Durchfall verursachen. Bekannte Geißblattgewächse sind die Rote Heckenkirsche (*Lonicera xylosteum*), das Wald-Geißblatt (*Lonicera periclymenum*) und das Echte oder Gartengeißblatt (*Lonicera caprifolium*), auch Jelängerjelieber genannt. Ihre weißen, gelben oder orangefarbenen Blüten sitzen an kurzen Stielen.

SERVIERVORSCHLAG

Servieren Sie diese köstliche Marmelade auf einem erlesen gedeckten Tisch – und vergessen Sie nicht, ein Geißblattsträußchen dazuzustellen.

Wichtig!

Verwenden Sie nur die Blüten – die Früchte sind giftig! – von Pflanzen, die möglichst wenig mit Umweltgiften belastet sind.

❦ 76 ❧

Mispelgelee
So fördern Sie seine Fitness

Der botanische Name der Mispel – *Mespilus* – ist von den griechischen
Wörtern *mésos* und *pilos* abgeleitet und bedeutet so viel wie »Ball«, eine Anspielung
auf die runde Form der Frucht dieses Kernobstgewächses. Im Saarland,
wo die seltene Pflanze recht verbreitet ist, nennt man sie wegen der Öffnung
am unteren Ende der Frucht »Hundsärsch«. Als Heilpflanze eingesetzt,
soll die Mispel Darmproblemen und Verkalkungen entgegenwirken.
Dieses ausgefallene Gelee wird Ihren Liebsten also nicht nur begeistern,
sondern auch seine körperliche und geistige Fitness fördern.

Zutaten

Für etwa 6 Gläser à 50 ml

2 kg Mispeln (auf 5 l Wasser)
1 TL gemahlener Zimt
(auf 5 l Wasser)
Schale von 1 unbehandelten
Zitrone
1 kg Zucker

VORBEREITUNG: 30 Min.
KOCHZEIT: 1 Std.

Abrakadabra …! ❖ Mispeln unter fließendem kalten Wasser waschen und vierteln. ❖ In einen Topf geben und mit Wasser bedecken. Zimt und die mit dem Zestenreißer abgeschälte Zitronenschale hinzufügen. ❖ Mischung zum Kochen bringen und etwa 40 Min. kochen, bis die Mispeln aufplatzen. ❖ Früchte durch eine Gemüsepresse drücken. ❖ Saft durchseihen, abmessen und in den gesäuberten Topf gießen. ❖ Zucker (750 g auf 1 l Saft) dazugeben und unter gelegentlichem Rühren 20 Min. kochen. ❖ Das Mispelgelee sofort in Gläser füllen und diese verschließen.

*Irgendwann treffe
ich schon noch!*

Das sieht man!

Wuff!

Kleine Hexenfibel

Gelierprobe: Um festzustellen, ob das Gelee lange genug gekocht hat, geben Sie einige Tropfen auf einen Teller – werden sie fest, ist das Gelee fertig.

Aroma: Das Aroma von Zimt und Zitrone kommt besser zur Geltung, wenn Sie beides erst ins Wasser geben, sobald dieses zu kochen beginnt.

Wissenswertes rund um ... ... Mispeln

Die Mispel stammt aus dem Kaukasus und aus Armenien. Von der Antike bis zum Mittelalter war sie vor allem in Südosteuropa sehr beliebt. Anders als ihre asiatische Verwandte, die Japanische Wollmispel, deren Früchte man im April und Mai erntet, benötigt die Mispel Frost, damit ihre Früchte genießbar werden, und wird daher im Oktober gepflückt. Weil die Wollmispel schwer zu transportieren ist, war sie bei uns lange unbekannt. Lagern Sie Mispeln vor der Verarbeitung 2 Monate in einem offenen Einweckglas, bis sie weich sind.

Wichtig!
Die Gläser sofort verschließen und auf den Kopf stellen, bis das Gelee vollständig erkaltet ist.

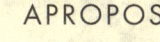

APROPOS

Mispeln sind heute nur noch selten zu finden, deshalb verbreitet dieses Gelee einen Hauch von Nostalgie, der Ihren Gast sicher entzücken wird.

☙ 77 ☙

Apfelgelee mit Geranienblättern

So muntern Sie ihn auf

Sehr beliebt als Balkon- und Terrassenpflanze, verleiht die rustikale Geranie (*Pelargonium*)
selbst dem kleinsten Fenster ein schmuckes Aussehen. Ob weiß, rosa oder rot,
ein Garten, in dem Geranien blühen, strahlt stets etwas Freundliches, Einladendes aus.
Tatsächlich sagt man der Pflanze nach, sie wirke ausgleichend.
Sollte Ihr Verehrer also einen schlechten Tag haben oder gar deprimiert sein,
wird ihn dieses herrliche Gelee mit Sicherheit wieder aufmuntern.

Zutaten
Für 6 Gläser à 50 ml

2 kg Äpfel
1 große Handvoll Minzeblätter
8 Rosengeranienblätter
1 kg Gelierzucker

VORBEREITUNG: 30 Min.
ABTROPFZEIT: 30 Min.
KOCHZEIT: 75 Min.

Abrakadabra …! ❈ Äpfel waschen und in dünne Spalten schneiden. In einen Marmeladentopf geben und mit Wasser bedecken. ❈ Zum Kochen bringen und bei mittlerer Hitze etwa 20 Min. kochen, bis die Äpfel weich sind. ❈ In ein feines Sieb abgießen und über einer Schüssel 30 Min. abtropfen lassen. ❈ Den aufgefangenen Saft abmessen, um die benötigte Zuckermenge zu ermitteln (500 g Zucker auf 600 ml Saft). ❈ Minze- und Geranienblätter in ein Stück Gaze einbinden. ❈ Saft, Zucker und Blätter in den gesäuberten Topf geben und unter ständigem Rühren langsam zum Kochen bringen. ❈ 30 Min. kochen, dann die Blätter entfernen. ❈ Das Apfelgelee in Gläser füllen und diese sofort verschließen.

Wissenswertes rund um ... ... Geranien

Der Name der Geranie leitet sich vom griechischen *geranion* – Storchenschnabel – ab und spielt auf ihre lange, spitz zulaufende Frucht an. Zu den Storchschnabelgewächsen (*Geraniaceae*) zählt auch die in Afrika beheimatete Rosengeranie (*Pelargonium graveolens*), die wegen ihres Duftes kultiviert wird. Die wichtigsten Erzeuger sind China, Marokko, Ägypten, Frankreich, Madagaskar, La Réunion und Algerien. In Nordafrika gewinnt man aus ihr ein ätherisches Öl, das einen leichten Rosenduft verströmt. Von der Insel La Réunion dagegen kommt ein Öl mit einem schwereren, an Minze und Früchte erinnernden Duft. Geranien finden vorwiegend in der Parfümherstellung Verwendung.

Kleine Hexenfibel

Blüte: Eine Geranienblüte, die vor dem Verschließen der Gläser auf das Gelee gelegt wird, verleiht diesem eine besondere Note. Allerdings verkürzt sich dadurch die Haltbarkeitsdauer.

SERVIERVORSCHLAG

❖

Ein Löffelchen dieses aromatischen Gelees verwandelt schlichte Eiscreme in eine wahre Köstlichkeit.

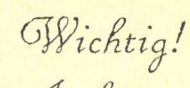

Jelée de pommes au géranium

Wichtig!
Auch wenn es etwas Geduld erfordert: Sie sollten die Äpfel während des Abtropfens nicht pressen, sonst bleibt der Saft nicht klar.

❧ 78 ❧
Apfelgelee
mit grünem Tee
Wünschen Sie geistreiche Unterhaltung?

Matcha gilt als der gesündeste Tee überhaupt, weil man anstelle eines Aufgusses
das pulverisierte Blatt zu sich nimmt. Manche preisen ihn als das Gesundheitsgetränk des
21. Jahrhunderts. In der Tat besitzt er eine Reihe wertvoller Eigenschaften und
wirkt vor allem anregend auf den Geist: Konzentrationsfähigkeit und Auffassungsgabe
werden durch das Koffein verbessert und die Wahrnehmung wird geschärft.
Wenn man der Volksweisheit glaubt, dass die Liebe denen, die Verstand besitzen,
eben diesen raubt (und denen, die keinen haben, Verstand verleiht), ist dieses Gelee
das beste Mittel, um aus Ihrem Gast einen geistreichen Unterhalter zu machen.

Zutaten

Für etwa 4 Gläser à 250 ml

1,5 kg Äpfel
1,5 l Wasser
1 kg Zucker
Saft von 1 Zitrone
1 EL Matcha (gemahlener
    grüner Tee)

VORBEREITUNG: 30 Min.
ABTROPFZEIT: 30 Min.
KOCHZEIT: 50 Min.

Abrakadabra …! ❈ Äpfel waschen und vierteln, in einen Marmeladentopf mit Wasser geben und 30 Min. kochen. ❈ In ein mit einem feinmaschigen Tuch ausgelegtes Sieb gießen und über einer Schüssel 30 Min. abtropfen lassen. ❈ Saft abmessen, um die erforderliche Zuckermenge zu ermitteln (800 g Zucker auf 1 l Saft). ❈ Saft, Zucker, Zitronensaft und Tee in den gesäuberten Topf geben und 20 Min. kochen lassen. ❈ Das Apfelgelee sofort in Gläser füllen und diese verschließen.

Wichtig!
Die Äpfel weder schälen
noch deren Kerngehäuse
entfernen.

pommes au thé vert

Kleine Hexenfibel

Saft: Drücken Sie die Früchte gut aus, um möglichst viel Saft zu erhalten.

SERVIERVORSCHLAG

Bieten Sie dieses Apfelgelee zum Nachmittagstee an, zu dem es umso besser passt, als es das zarte Aroma des grünen Matche-Tees besitzt.

Wissenswertes rund um ... ... Tee

Die Teepflanze (*Camellia sinensis*) gehört zur Gattung der Kamelien. Für grünen Tee werden die jungen Teeblätter im Frühjahr geerntet und dann gedämpft, gerollt und getrocknet. Enthält der Tee auch Stängel, wird er als Kukicha angeboten. Für die edlen Sorten Gyokuro und Kabuse werden nur junge Triebe verwendet. Matcha, gemahlener Grüntee, ist traditioneller Bestandteil der japanischen Teezeremonie. Grüner Tee wird gerne als Zutat in Gebäck und Süßwaren verwendet: Schokolade, Bonbons, Kuchen und Eis werden damit aromatisiert.

Magische Getränke

❧ 79 ❧

Zitronenlimonade mit Lavendel

Lieben Sie den Klang seiner Stimme?

Die Zitrone (*Citrus limon*) ist weit in der Welt herumgekommen. Ursprünglich in China und Indien, an den Ausläufern des Himalaya, zu Hause, war sie seit dem frühen Mittelalter bei den Arabern bekannt, die sie auf Schiffen transportierten. Gegen Ende des 12. Jahrhunderts gelangte sie nach Europa. Christoph Kolumbus nahm die Frucht 1493 auf eine Reise über den Atlantik mit. Geschätzt wird die Zitrone vor allem wegen ihrer antiseptischen Wirkung und als Mittel gegen Halsschmerzen und Heiserkeit. Tun Sie Ihrem Gast also etwas Gutes, falls ihm die Stimme versagt: Mit Hilfe der Zitrone wird er das wohlklingende, sonore Timbre wiederfinden, das Ihre Ohren und Sinne so betört.

Zutaten
Für 1 Liter

24 Zitronen
12 Lavendelstängel mit Blüten
1 l Wasser
500 g Zucker

VORBEREITUNG: 20 Min.
KOCHZEIT: 10 Min.
ZIEHZEIT: 2 Std.

Abrakadabra …! ❈ Zitronen auspressen, Lavendel waschen. ❈ Wasser und Zucker unter ständigem Rühren zum Kochen bringen und 5 Min. kochen. ❈ Zitronensaft und Lavendel hinzufügen und unter ständigem Rühren weitere 5 Min. kochen. ❈ Die Zitronenlimonade 2 Std. ziehen lassen, durchseihen, in Flaschen füllen und kalt stellen.

Wichtig!
Während des Kochens muss die Limonade ständig umgerührt werden.

Kleine Hexenfibel

Maghreb: Vor allem in Tunesien erfreut sich Zitronenlimonade großer Beliebtheit und wird gerne mit Minze aromatisiert serviert.

Limonen: Das ätherische Öl, das aus der Zitronenschale gewonnen wird, besteht zu einem hohen Prozentsatz aus dem Terpen Limonen, das dem Öl seine antiseptische, antivirale und straffende Wirkung verleiht.

Wissenswertes rund um ...
... Zitronen

Der immergrüne Zitronenbaum (*Citrus limon*) mit den glänzenden, dunkelgrünen, ovalen Blättern gehört zur Familie der Rautengewächse (*Rutaceae*). Aus den weißen Blüten entwickeln sich dunkelgrüne Früchte, die mit der Zeit heller werden, bis sie ihre typische, leuchtend gelbe Farbe angenommen haben. Unter der Schale verbirgt sich ein saftiges, saures Fruchtfleisch, das sehr viel Vitamin C enthält. Früher war die Zitrone, neben der Zwiebel, das einzige bekannte Mittel gegen Skorbut.

SERVIERVORSCHLAG

Zitronenlimonade kann – am besten mit Eiswürfeln – als alkoholfreie Erfrischung zu jeder Tageszeit genossen werden.

~ 80 ~

Likör »44«

Ist er ein »Vierer-Mensch«?

Der Name dieses Likörs macht neugierig, lässt die Zahl 4 doch an das magische Quadrat der Hexer und Alchimisten denken. In der Astrologie steht die 4 für Menschen mit Bodenhaftung, die Sicherheit und klare, überschaubare Verhältnisse bevorzugen. »Vierer-Menschen« gehen praktisch, logisch, systematisch und analytisch vor, doch wird ihnen auch ein Hang zu Arbeitswut, Engstirnigkeit und Nörgelei nachgesagt. Ob Ihr Verehrer zu dieser Gattung zählt?

Zutaten

Für 1 Liter

4 unbehandelte Orangen
44 Kaffeebohnen
44 Stück Würfelzucker
10 cl Calvados

VORBEREITUNG: 10 Min.
ZIEHZEIT: 44 Tage

Abrakadabra …! ✳ Orangen heiß waschen und abtrocknen, insgesamt 44-mal einritzen und Kaffeebohnen in die Schlitze stecken. ✳ Zucker in ein Einmachglas füllen, Orangen darauflegen und mit Calvados übergießen. ✳ Glas verschließen und vorsichtig schwenken. ✳ Den Likör 44 Tage an einem trockenen, lichtgeschützten Ort ziehen lassen, dabei das Glas von Zeit zu Zeit vorsichtig schwenken.

Wissenswertes rund um ...
... Calvados

Der Calvados ist ein Apfel-weinbrand aus der Normandie, mit einem Alkoholgehalt von 40–45 Vol.-%. Zu seiner Her-stellung werden in der Regel 40 % süße, 40 % bittere und 20 % saure Äpfel verwendet, die zu Apfelmost verarbeitet werden. Der Most wird dann einige Wochen zu Cidre ver-goren, aus dem man in einem zweistufigen Destillations-prozess die berühmte Spiri-tuose gewinnt. Nun reift der Cidrebrand noch 2–15 Jahre in Holzfässern. In der Norman-die verarbeitet man 30 % der Apfelernte zu Calvados.

Kleine Hexenfibel

70 Prozent beträgt der Alkoholgehalt des Calvados nach dem Brennen.

Fine bezeichnet einen 2 Jahre gereiften Calvados mit strohgelber Farbe, fruchtigem Apfelgeschmack und Blütenaromen.

Vieille Réserve (VO) ist die Bezeichnung für einen 4 Jahre gereiften, goldgelben Calvados mit kraftvollem, fruchtigem Apfelgeschmack und feiner Holznote.

V.S.O.P. ist eine Alters-bezeichnung. Sie steht für einen cognacfarbenen Calvados, der mind. 5 Jahre gelagert wurde und sich durch seinen runden Geschmack, seinen langen Abgang und sein vielschichtiges Aroma auszeichnet.

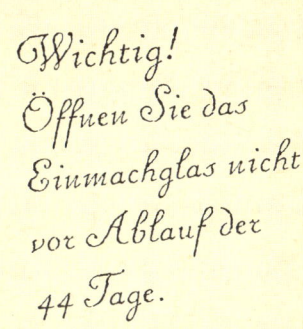

Wichtig! Öffnen Sie das Einmachglas nicht vor Ablauf der 44 Tage.

APROPOS

Der Likör »44« ist ein raffinierter Digestif, dessen Rezept man sich dank der mehrfach wieder-kehrenden Zahl 4 in der Zutatenliste leicht merken kann.

❧ 81 ❧

Holunderlimonade
Wenn kein Grund zur Aufregung besteht

Der Legende nach wächst der Holunder (*Sambucus nigra*) deshalb so krumm,
weil sich Judas an einem Holunderbaum erhängte. Die Germanen glaubten,
der Baum oder auch Strauch sei die Wohnstätte ihrer Göttin Freya,
aus der später die Märchenfigur »Frau Holle« hervorging. Der Göttin zu Ehren tanzten
Frauen an Mariä Lichtmess mit Holunderzweigen, und jeder Mann, der ihnen zu nahe kam,
erhielt einen Hieb damit. Trinken Sie diese Limonade in Gegenwart Ihres Verehrers
also nur in Maßen, wenn kein Grund zur Aufregung besteht …

Zutaten
Für 3 Flaschen à 0,75 Liter

2 unbehandelte Zitronen
4 Holunderblütendolden
225 g Zucker
2 l Wasser

⏰
VORBEREITUNG: 10 Min.
ZIEHZEIT: 3 Wochen

Abrakadabra …! ❇ Zitronen waschen und in Scheiben schneiden. ❇ Holunderblüten, Zitronenscheiben, Zucker und Wasser in ein Einmachglas geben. ❇ Mit einem sauberen Geschirrtuch abdecken und 5–6 Tage in die Sonne stellen. ❇ Saft durchseihen und in Flaschen füllen. ❇ Flaschen luftdicht verschließen und 2 Wochen kalt stellen.

Wissenswertes rund um ... ... Holunder

Der Schwarze Holunder (*Sambucus nigra*) ist ein bis zu 10 m hoher Baum oder Strauch. Er wächst in Gehölzen und Laubwäldern, Dickichten und Hecken oder an Mauern und ist unempfindlich gegenüber schädlichen Umwelteinflüssen. Die Zweige des Holunders sind mit Korkporen übersät, die weißes Mark enthalten. Seine dunkelgrünen Blätter verströmen einen unangenehmen Geruch, wenn man sie zerreibt. Aus den cremeweißen, fruchtig duftenden Blüten, die fünfstrahlige Schirmrispen bilden, entwickeln sich runde, schwarze Beeren mit violettem Saft. Vögel wie die Drossel, die sich von den Beeren ernähren, tragen die Samen weiter, die in der neuen Umgebung sofort austreiben.

SERVIERVORSCHLAG

Servieren Sie die Holunderlimonade in hübschen Gläsern auf einem Tablett, das Sie mit einem Holunderzweig dekoriert haben.

Kleine Hexenfibel

Saison: Holunderblüten werden im Mai und Juni gepflückt, die Beeren können im September und Oktober geerntet werden.

Blüten: Um Schmutz zu entfernen, die Blüten nicht waschen, sondern nur leicht schütteln.

Prickelnd: Während die Limonade in der Sonne zieht, bilden sich Luftblasen.

Schutz: Holunder, der um Mitternacht vor dem Johannistag gesammelt wird, soll vor Stürmen, Dieben und bösen Geistern schützen.

Wichtig!

Der Schwarze Holunder darf nicht mit dem Traubenholunder (Sambucus racemosa) verwechselt werden, dessen rote Früchte Erbrechen hervorrufen, wenn man sie roh verzehrt, und ebenso wenig mit dem Zwergholunder (Sambucus ebulus), dessen Früchte und Blätter ebenfalls ungenießbar sind.

❧ 82 ❧

Fliederlikör
In der Farbe der Liebe

Der Flieder (*Syringa vilgaris*) stammt aus dem Orient, wahrscheinlich aus Persien. Der schwedische Naturwissenschaftler Carl von Linné gab dem Strauch, der Mitte des 16. Jahrhunderts nach Europa gelangte, den botanischen Namen *Syringa*, was so viel wie »Schilfrohr« bedeutet. Die Blütenstände des Flieders sind häufig violett oder weiß, manchmal auch rosa. In der Blumensprache vermittelt jede dieser Farben eine andere Botschaft: Weißer Flieder symbolisiert die Unschuld, violetter Flieder die junge romantische Liebe …

Zutaten
Für 1 Flasche à 0,75 Liter

6 schöne, stark duftende
  Fliederblüten
50 cl neutraler Branntwein
300 g Zucker
200 ml Wasser

VORBEREITUNG: 20 Min.
KOCHZEIT: 5 Min.
ZIEHZEIT: 1 Monat

Abrakadabra …! ❉ Fliederblüten vorsichtig unter fließendem kalten Wasser waschen. 2 Blüten in den Branntwein geben und 8 Std. ziehen lassen. ❉ Branntwein durchseihen, 2 weitere Blüten hineingeben und wieder 8 Std. ziehen lassen. ❉ Genauso mit den restlichen 2 Blüten verfahren. ❉ Branntwein nochmals durchseihen. ❉ Zucker und Wasser bei mittlerer Hitze 5 Min. kochen, Sirup dann abkühlen lassen. ❉ Branntwein in eine Flasche füllen, Sirup hinzufügen und gut schütteln. Den Fliederlikör 1 Monat ruhen lassen.

Wissenswertes rund um ... ... Flieder

Immer wieder haben sich Dichter, Schriftsteller, Sänger und Komponisten vom Fliederstrauch und dessen duftenden Blüten inspirieren lassen und ihn in unzähligen Gedichten, Schlagern und Chansons besungen. In Thomas Manns früher Erzählung *Gefallen* symbolisiert Flieder nicht nur die beginnende Liebe, sondern steht auch als Metapher für den naiven Idealismus des Protagonisten. Bei dem Wort Flieder dürfte dem ein oder anderen überdies der bekannte Schlager »Wenn der weiße Flieder wieder blüht« aus den 1920er-Jahren einfallen.

APROPOS

Möchten Sie den Fliederlikör stilgerecht servieren, stellen Sie einen Strauß Flieder auf den Tisch und sorgen Sie für die passende musikalische Untermalung.

Kleine Hexenfibel

Blüten: Wegen ihrer adstringierenden Wirkung werden Fliederblüten nicht gegessen. Zum Aromatisieren sind sie jedoch hervorragend geeignet.

Geduld: Dieses Rezept erfordert viel Zeit und daher auch etwas Geduld.

Aroma: Werden die Blüten während des Mazerierens mehrmals erneuert, erhält der Likör ein besonders verlockendes Aroma.

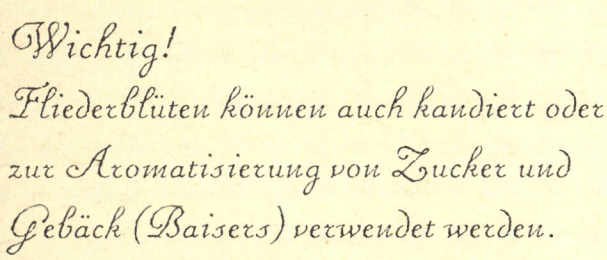

Wichtig!

Fliederblüten können auch kandiert oder zur Aromatisierung von Zucker und Gebäck (Baisers) verwendet werden.

∾ 83 ∾

Eierlikör

Verraten Sie ihm nicht gleich alles

Welche Wirkung Eier beim Mann haben können, ist hinlänglich bekannt –
das Symbol spricht schließlich für sich: Das Ei ist der Keim des Lebens.
Es kann also sein, dass der Eierlikör Ihren Gast auf den Geschmack bringt und
Sie ein Liebesnest bauen, möglich ist aber auch, dass er das Weite sucht und
Ihre Liebe im Keim erstickt. Verraten Sie ihm daher nicht gleich, was Sie ihm servieren,
schon gar nicht bei der ersten Begegnung. Ist er erst einmal auf den
Geschmack gekommen, können Sie das Geheimnis immer noch lüften …

Zutaten
Für 6 Portionen

8 Eigelb
350 g Zucker
2 Päckchen Vanillezucker
1,25 kg Milchpulver
(Asialaden)
25 cl Branntwein (45 Vol.-%)
50 ml Wasser

⏰

VORBEREITUNG: 10 Min.
ZIEHZEIT: 6 Tage

Abrakadabra …! ⊠ Eigelb, Zucker und Vanillezucker schaumig schlagen. ⊠ Milchpulver, Branntwein und das kalte, abgekochte Wasser unterrühren. ⊠ Den Eierlikör 6 Tage ziehen lassen.

Wissenswertes rund um ... ... Eier

Eier in freier Natur aus Vogelnestern zu sammeln, ist verboten. Das Küken, das im Ei heranwächst, beginnt schon vor dem Schlüpfen zu piepsen. Hat es sich erst einmal ganz allein aus der Schale befreit, reißt es den Schnabel weit auf, um zu zeigen, dass es Hunger hat. Von nun an sind die Eltern damit beschäftigt, Futter für das Küken zu beschaffen.

APROPOS

Servieren Sie den Eierlikör in Likörschalen, damit Sie dieses herrlich cremige Getränk bis auf den letzten Tropfen auskosten können.

Kleine Hexenfibel

Eiweiß: Aus dem Eiweiß können Sie Baisers zubereiten, die Sie zum Likör reichen.

Reihenfolge: Halten Sie bei der Zubereitung die Reihenfolge der Zutaten genau ein.

Größe: Ein Hühnerei ist 40-mal kleiner als das größte Ei, das es gibt: Das Straußenei wird zwischen 12,7 und 16 cm lang und bis zu 1,6 kg, mitunter sogar 2 kg schwer.

Form: Eier sind keineswegs immer rund. Bisweilen findet man recht seltsame Formen: So sind Schwalben- und Kolibri-Eier elliptisch, Krähenscharben- und Haubentauchereier lang und zylindrisch und die Eier der Lumme, die auf felsigen Küsten abgelegt werden, haben eine konische Form.

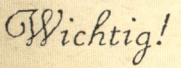

liqueur d'œuf

Wichtig!

Da der Name Eierlikör nicht sehr verlockend klingt, denken Sie sich ruhig einen phantasievolleren Namen aus: Wie wäre es etwa mit Vanillelikör, gelber Likör, Zuckerlikör, süßer Likör ...

❀ 84 ❀
Orangenlikör
Wie lautet der Name Ihres Gatten in spe?

Zucker verbessert nicht nur den Geschmack von Speisen, man kann aus ihm auch die Zukunft lesen. Mit einem einfachen Trick lässt sich herausfinden, wie der Mann heißt, den man einmal heiratet – besser gesagt, mit welchem Buchstaben sein Vorname beginnt: Sie müssen nur 1 Stück Zucker in ein Glas mit Wasser geben und das Alphabet heruntersagen, bis der Zucker geschmolzen ist. Der Buchstabe, bei dem Sie stehenbleiben, ist der erste seines Vornamens. Natürlich können Sie das Ganze immer wieder von vorne beginnen, damit auch Alexander, Andreas, Anton, August … und vor allem Daniel, Thomas, Viktor und Xaver eine Chance haben.

Zutaten
Für 1 Flasche à 0,75 Liter

750 ml Wasser
1 kg Kandiszucker
6 unbehandelte Orangen
50 cl Branntwein

VORBEREITUNG: 20 Min.
KOCHZEIT: 15 Min.
ZIEHZEIT: 3 Wochen

Abrakadabra …! ❖ Wasser und Kandis in einem Topf bei niedriger Hitze 15 Min. kochen. ❖ Orangen unter fließendem heißen Wasser abbürsten und anschließend abtrocknen. ❖ Schale abreiben, ohne die weiße Haut mit zu entfernen. Früchte auspressen. ❖ Orangensaft durch ein mit einem feinmaschigen Tuch ausgelegtes Sieb in den Topf seihen. ❖ Orangensirup in ein heiß ausgespültes, abgetrocknetes Einmachglas füllen. Orangenschale und Branntwein hinzufügen. ❖ Einmachglas luftdicht verschließen und den Orangenlikör 3 Wochen ziehen lassen.

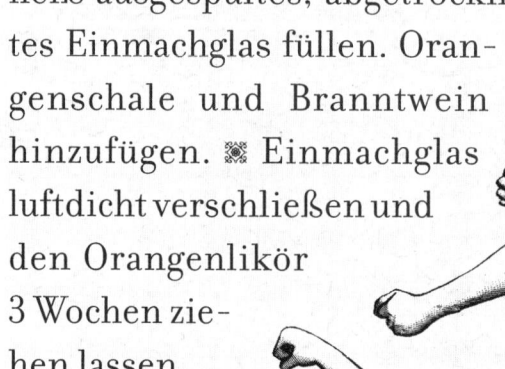

Finger weg von meinem Mann!

Wichtig!
Bewahren Sie den
Likör an einem
dunklen Ort auf.

SERVIERVORSCHLAG

❖

Vergessen Sie nicht, dass es sich hierbei um ein alkoholisches Getränk und nicht um Orangensaft handelt, und genießen Sie den Likör nach einem entspannten Essen als Digestif.

Kleine Hexenfibel

Fäden: Kandiszucker entsteht, wenn eine konzentrierte Zuckerlösung langsam auskristallisiert. Fadenkandis kühlt mehrere Wochen in Kupfergefäßen, sogenannten Potten, ab, in denen Leinen- oder Baumwollfäden gespannt sind, an denen sich der Zucker ablagert.

Kandis: Brauner Kandis wird gerne für Rumtöpfe, Liköre und selbst gemachte Aperitifs verwendet. Da er sich langsam auflöst, nehmen Früchte und Alkohol das jeweilige Aroma besonders gut an.

Wissenswertes rund um ... ... Zucker

Das Zuckerrohr (*Saccharum officinarum*), aus dem der größte Teil der 1,3 Milliarden t Zucker hergestellt wird, die man weltweit jährlich konsumiert, existiert heute nur noch als Kulturpflanze. Ursprünglich stammt es von Neuguinea. Um das 4. vorchristliche Jahrhundert gelangte es nach Persien, wo man begann, es zu kultivieren und Wildarten einzukreuzen. Seitdem wird Zuckerrohr weltweit angebaut.

❧ 85 ❧

Mohnlikör

Für ein Picknick im Mohnfeld

Der Klatschmohn (*Papaver rhoeas*) mit seinen zarten, leuchtend roten Blüten
ist die Sommerblume schlechthin: Als ein Sinnbild von Wärme und
Sonne dient er als Symbol für Leben und Glück. Früher benutzte man Klatschmohn als
Liebesorakel: Je lauter das Geräusch war, das beim Aufschlagen der Blätter entsteht,
desto höher wurde der Grad der Gegenliebe eingeschätzt. Da die Pflanze der
Fruchtbarkeitsgöttin Demeter geweiht war, bewarf man Brautpaare früher mit Mohn.
Beliebt waren die herrlichen roten Blüten auch als Motiv in der Malerei –
man denke nur an Vincent van Goghs *Mohnfeld*. Was halten Sie von einem Picknick
zu zweit auf einer so herrlichen Mohnwiese?

Zutaten

Für 1 Liter

2 große Handvoll Mohnblüten
100 cl Branntwein
500 g Zucker
200 ml Wasser

Abrakadabra …! ❊ Mohnblüten vorsichtig unter fließendem kalten Wasser waschen, in ein Einmachglas geben und mit Branntwein bedecken. ❊ Sobald die Blüten sich weiß gefärbt haben (nach etwa 2 Min.), Zucker und Wasser bei mittlerer Hitze 5 Min. kochen. ❊ Sirup abkühlen lassen. ❊ Blüten aus dem Branntwein entfernen und Sirup untermischen. Den Mohnlikör durchseihen und in Flaschen füllen.

VORBEREITUNG: 15 Min.
KOCHZEIT: 5 Min.

Mehr Wissenswertes rund um ... ... Klatschmohn

Der Klatschmohn (*Papaver rhoeas*) ist ein Verwandter des Schlafmohns (*Papaver somniferum*), den Hildegard von Bingen im 12. Jahrhundert als Schlafmittel, aber auch als Heilmittel gegen Juckreiz und Läuse empfahl. Tatsächlich hat Schlafmohn eine narkotisierende und schmerzlindernde Wirkung. Aus seinem Milchsaft wird Opium gewonnen, das auch Bestandteil von Hexensalben war. Der hübsche Klatschmohn wiederum zählte früher zu den »Pflanzen der Engelmacherinnen«, die bei Abtreibungen eingesetzt wurden.

Kleine Hexenfibel

Mohngewächse: Schlafmohn und Klatschmohn gehören zur Familie der Mohngewächse (*Papaveraceae*), die ursprünglich in einem Gebiet vom Balkan bis Indien beheimatet waren.

Ernte: Mohnblüten sollten erst unmittelbar vor der Zubereitung gepflückt werden.

Kunst: Viele berühmte Maler haben sich von dem leuchtend roten Klatschmohn inspirieren lassen, so Claude Monet, Gustav Klimt und Vincent van Gogh.

Wichtig!
Verwechseln Sie Klatschmohn nicht mit Alpenmohn – Ersterer hat behaarte Stängel, Letzterer glatte.

APROPOS

Servieren Sie den Mohnlikör in einem Glas, in dem die rote Farbe zur Geltung kommt.

❧ 86 ❧

Fenchellikör

Er wird Sie mit anderen Augen sehen

Der Fenchel (*Foeniculum vulgare*) besitzt eine Vielzahl wertvoller
Eigenschaften und wird seit Jahrhunderten als Heilpflanze geschätzt.
So wirkt er nicht nur appetitanregend, verdauungsfördernd und harntreibend,
sondern auch schleimlösend und beruhigend. Plinius der Ältere erklärte sogar,
Fenchel verbessere die Sehkraft. Dank dieses Fenchellikörs wird
Ihr Liebster Sie mit anderen Augen sehen …

Zutaten

Für 1 Flasche à 0,5 Liter

2 TL Fenchelsamen
50 cl Branntwein
90 g Zucker
1 Gewürznelke
1 kleines Stück Zimtstange

⏰

VORBEREITUNG: 5 Min.
ZIEHZEIT: 3,5 Monate

Abrakadabra …! ❈ Sämtliche Zutaten in ein Gefäß füllen, dieses verschließen und die Mischung 2 Wochen ziehen lassen. ❈ Den Fenchellikör durchseihen, in eine Flasche füllen und 3 Monate ruhen lassen.

Kleine Hexenfibel

Fenchelsamen werden zum
Aromatisieren von Getränken,
Desserts und Süßwaren verwendet, aber auch zum Verfeinern von Fischgerichten.

Fenchelöl entsteht durch
Destillation aus den Blüten-
spitzen und Samen der
Pflanze.

Geduld ist bei der Herstellung
dieses Likörs nötig: Im Handumdrehen zubereitet, muss er
14 Tage ziehen und 3 Monate
reifen, ehe man ihn genießen
kann.

Wichtig!

Mehr als 7 g Fenchel-
samen am Tag sollte man
laut ärztlicher Empfehlung
nicht zu sich nehmen – der
Fenchellikör sollte also in
Maßen genossen werden.

Mehr Wissens-
wertes rund um …
… Fenchel

Der Fenchel (*Foeniculum vul-
gare*), der auf Chinesisch xiang
hui xiang heißt, gehört zur
Familie der Doldenblütler
(*Apiaceae*). Die große, krautige
Pflanze stammt ursprünglich
aus dem Mittelmeerraum, wird
aber seit langem in Bulgarien,
Rumänien, Ungarn, Griechen-
land, der Türkei, Italien,
Frankreich, Deutschland,
Ägypten, Indien und China
kultiviert, was zeigt, dass man
Aroma und Heilkraft des
Fenchels weltweit schätzt.

❧ 87 ❧

Minzlikör

So wird er nicht widerstehen können

Minzen der Gattung *Mentha* sollten nicht mit anderen, ebenfalls als »Minze«
bezeichneten Pflanzen verwechselt werden, etwa der Frauenminze (*Tanacetum balsamita*)
aus der Familie der Korbblütler (*Asteraceae*), die auch als Balsamkraut bekannt ist,
oder der Echten Katzenminze (*Nepeta cataria*), die – wie die Minzen – zur Familie der
Lippenblütler (*Lamiaceae*) zählt. Letztere ist dafür bekannt, Katzen mit ihrem Geruch
unwiderstehlich anzuziehen. In Nordafrika und im Nahen Osten erfreut sich ein
Pfefferminztee großer Beliebtheit, der aus Grüner Minze (*Mentha spicata*)
hergestellt wird und dem man eine aphrodisische Wirkung nachsagt.
Ob Katze oder Mensch, die Minze verfehlt ihre Wirkung ganz gewiss nicht …

Zutaten

Für 1 Liter

50 Pfefferminzblätter
(etwa 5 Stängel)
10 cl Branntwein (45 Vol.-%)
500 g Würfelzucker
120 ml Wasser
1/2 unbehandelte Zitrone

VORBEREITUNG: 30 Min.
KOCHZEIT: 12 Min.
ZIEHZEIT: etwa 3 Monate

Abrakadabra …! ❋ Minze waschen und dabei die Blätter von den Stängeln zupfen. Blätter in ein heiß ausgespültes Einmachglas geben und mit Branntwein übergießen. ❋ Einmachglas verschließen und an einem sonnigen Ort 2 Wochen ziehen lassen. ❋ In einem Topf Zucker und Wasser zum Kochen bringen, 12 Min. kochen und dann abkühlen lassen. ❋ Zitrone heiß abwaschen und abtrocknen. Schale abreiben und mit dem Sirup in das Einmachglas geben. ❋ Einmachglas verschließen und den Inhalt 1 Woche ziehen lassen. ❋ Den Minzlikör durch ein Tuch seihen, in Flaschen füllen und mind. 2 Monate ruhen lassen.

APROPOS
---❖---

Möchten Sie die Intensität des erfrischenden Minzgrüns bei Ihrem Likör noch erhöhen, fügen Sie ein wenig Pfefferminzsirup hinzu.

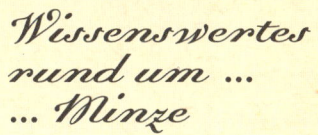

Kleine Hexenfibel

Glas: Trocknen Sie das Einmachglas nach dem Ausspülen sorgfältig ab, ehe Sie die Minzeblätter hineinfüllen.

Ernte: Minze kann von Mai bis August gepflückt werden.

Diabolo: Auch wenn der Name teuflisch klingt, ist der *Diabolo menthe* völlig harmlos, denn es handelt sich dabei um einen Cocktail aus Pfefferminzsirup und Sodawasser.

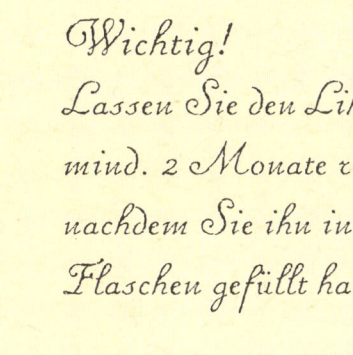

Wissenswertes rund um ...
... Minze

Die Gattung der Minzen umfasst etwa 25 Arten, die sich häufig untereinander kreuzen. Aus der Kreuzung von Bach- und Waldminze ist die Pfefferminze (*Mentha x piperita*) entstanden, eine hochgeschätzte Heilpflanze, die einen intensiven, aromatischen Duft verströmt. Im Juni trägt die in Gärten kultivierte, aber auch auf Wiesen und Feldern wachsende Pfefferminze rosafarbene, 4–6 cm lange, ährenartige Blüten. Die kleinere, scharfe Polei-Minze (*Mentha pulegium*) wird in der Veterinärmedizin eingesetzt; für die innerliche Anwendung beim Menschen ist sie nicht geeignet.

Wichtig!
Lassen Sie den Likör mind. 2 Monate ruhen, nachdem Sie ihn in Flaschen gefüllt haben.

88

Johanniskrautlikör

So rücken Sie den Haussegen gerade

Das Echte Johanniskraut (*Hypericum perforatum*) vermehrt sich sehr schnell: Eine einzige Pflanze produziert pro Jahr bis zu 30 000 Samen, die der Wind in alle Himmelsrichtungen verstreut, bis auf Kirchtürme hinauf. Früher glaubte man, das auch »Teufelsflucht« genannte Johanniskraut würde Mensch und Tier vor Dämonen schützen. Ein Kranz aus Johanniskraut, auf das Dach geworfen, sollte Blitzschlag abwehren. Um Gewitter zu vertreiben, streute man Johanniskraut auf den Herd oder verbrannte es im Ofen. Wenn nötig, wird der Johanniskrautlikör also dafür sorgen, dass in Ihrem Heim wieder Frieden einkehrt …

Zutaten

Für 1 Flasche à 0,75 Liter

- 750 ml Wasser
- 300 g Zucker
- 1 EL Sirup (aus Rohrzucker)
- 50 cl Branntwein
- 10 g getrocknete Johanniskrautblüten
- 1/2 unbehandelte Zitrone

VORBEREITUNG: 20 Min.
KOCHZEIT: 5 Min.
ZIEHZEIT: 3–4 Wochen

Abrakadabra …! ▪ Wasser, Zucker und Sirup in einem Topf bei mittlerer Hitze 5 Min. kochen. ▪ Branntwein, Johanniskraut und die kleingeschnittene Zitrone in ein Einmachglas geben. Sirup hinzufügen und das Ganze 2–3 Wochen ziehen lassen. ▪ Den Johanniskrautlikör durchseihen, in eine Flasche füllen und mind. 1 Woche ruhen lassen.

In schönster Harmonie …

Wichtig!

Getrocknete Johanniskrautblüten sind in Gewürzhandlungen
und Apotheken erhältlich.

APROPOS

Servieren Sie den Johanniskrautlikör in kleinen Gläsern anstelle
von Kaffee oder Tee und Sie
werden sehen, dass Groll,
Kummer und Unglück sich in
Luft auflösen …

Mehr Wissens-
wertes rund um …
… Johanniskraut

Die goldgelben Blüten des
Johanniskrauts (*Hypericum
perforatum*) bestehen aus fünf
Kelchblättern, die mit kleinen,
durchsichtigen, roten Öl-
drüsen besetzt sind und einen
roten Farbstoff enthalten.
Der Legende nach ist das
Johanniskraut aus dem Blut
Johannes des Täufers ent-
standen, dem die Christen die
Pflanze weihten, weil sie um
den Johannistag zu blühen
beginnt. Aus Wut über die
außerordentliche Heilkraft des
Johanniskrauts soll der Teufel
mit einer Nadel unzählige
Löcher in die Blätter gestochen
haben. Wegen dieser winzigen
Löcher wird das Johanniskraut
auch Tüpfel-Johanniskraut
genannt.

Kleine Hexenfibel

Johanniskraut verströmt
einen eigentümlichen Geruch
und schmeckt sauer. Im
Mittelalter flochten Mädchen
Kränze daraus, mit denen sie
am 24. Juni um das Johannis-
feuer tanzten. Noch heute wirft
man in manchen Gegenden
Strohpuppen ins Feuer, um
das Vieh vor Dämonen zu
schützen.

❦ 89 ❧

Obstkernlikör
Lassen Sie sein Herz höher schlagen

Zu Beginn der Menschheitsgeschichte wurde das Überleben vor allem durch das Sammeln von Früchten gesichert. Man ernährte sich hauptsächlich von wildwachsenden Beeren und von Fleisch, das man auf der Jagd erbeutete. Bei Hebräern, Griechen und Römern erfreuten sich Früchte großer Beliebtheit, und man verstand es vorzüglich, sie zu konservieren. Auf diese Weise musste man auch dann nicht auf Obst verzichten, wenn frisches nicht zu haben war. Wer aber meint, ein Likör aus Obstkernen sei ein Getränk, das aus der Not heraus entstand, der irrt. Vielmehr ist es ein besonders raffiniertes Getränk, weil nur der harte Teil im Herzen der Frucht verwendet wird. Wenn Sie Ihrem Liebsten Obstkernlikör servieren, wird auch sein Herz höher schlagen.

Zutaten
Für 1 Liter

1 Glas (1 l) Steinobstkerne
   (z. B. Aprikosen-, Kirsch-,
   Pflaumenkerne ...)
250 g Zucker
50 cl Branntwein

VORBEREITUNG: 15 Min.
ZIEHZEIT: 1 Monat

Abrakadabra ...! ❖ Eine Schicht Kerne in ein Einmachglas füllen, mit Zucker bestreuen und mit Branntwein bedecken. ❖ Vorgang wiederholen, bis die Zutaten aufgebraucht sind, Glas verschließen und 1 Monat ruhen lassen.

Wichtig!
Der Likör muss mind. 1 Monat ziehen,
bevor Sie ihn genießen.

Wissenswertes rund um ... ... Früchte

In der Antike galten Früchte als Speise der Götter. Sie symbolisierten Liebe, Verführung, Schönheit und Weisheit. In Frankreich gab es zur Zeit Ludwigs XIV. herrliche Obstgärten, da der Sonnenkönig es liebte, Obstbäume zu betrachten. Einen Blick wert sind Steinfrüchte, in deren fleischigem Inneren sich ein Kern, das Endokarp, befindet, das den Samen umschließt, aus dem neue Bäume und Früchte entstehen. Fruchtfressende Vögel verteilen die Kerne und sorgen so für die Verbreitung ...

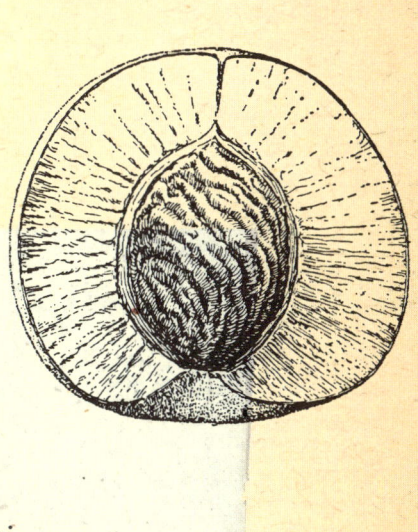

Kleine Hexenfibel

Sammeln Sie während des Sommers Kirsch-, Pfirsich-, Aprikosen- und Pflaumenkerne.

Säubern Sie die Kerne der Früchte, die Sie gegessen und für den Likör aufgehoben haben, unter fließendem kalten Wasser.

Kerne können bei diesem Rezept auch in doppelter oder dreifacher Menge verwendet werden – fügen Sie einfach entsprechend mehr Branntwein und Zucker hinzu.

Zucker können Sie je nach Geschmack in größeren oder kleineren Dosen als angegeben verwenden. Probieren Sie aus, was für Sie die richtige Menge ist.

APROPOS

Dieser Likör ist kinderleicht herzustellen, und auch die Zutaten sind gut erhältlich. Als Ausgleich können Sie bei der Dekoration Ihres Tisches umso mehr Aufwand treiben.

❧ 90 ❧

Lindenblütenlikör
Damit die Liebe ewig währt

Nicht selten säumen prächtige Linden (*Tilia*) die Boulevards der Großstädte,
man denke nur an die berühmte Berliner Prachtstraße Unter den Linden.
In der Gemeinde Arfeuille-Châtain, im französischen Departement Creuse,
ist eine mächtige Linde zu bestaunen, die den Namen Robinson trägt.
Ihre Ausmaße sind so gewaltig, dass 50 Personen in ihrem Schatten speisen können.
Linden gelten als Sinnbild für Geborgenheit und als Symbol für Beständigkeit,
Frieden und Heimat, für Treue und für die eheliche Liebe.

Zutaten
Für 2 Flaschen à 0,5 Liter

1 großer Strauß Lindenblüten
　mit Deckblättern
100 cl Branntwein
300 g Zucker
1 Glas Wasser

VORBEREITUNG: 15 Min.
KOCHZEIT: 10 Min.
ZIEHZEIT: einige Monate

Abrakadabra …! ❊ Lindenblüten vorsichtig unter fließendem kalten Wasser waschen und 20 Tage im Branntwein ziehen lassen. ❊ Zucker und Wasser bei mittlerer Hitze 10 Min. kochen, dann leicht abkühlen lassen. ❊ Sirup unter den Branntwein mischen und 24 Std. ruhen lassen. ❊ Den Lindenblütenlikör durchseihen, in Flaschen füllen und einige Monate ziehen lassen.

Kleine Hexenfibel

Ernte: Lindenblüten pflückt man zu Beginn der Blütezeit mitsamt den dünnen, pergamentartigen Deckblättern.

Tee: Weil Lindenblüten eine beruhigende Wirkung haben, sorgt ein Tee daraus – vor dem Zubettgehen getrunken – für ruhigen Schlaf.

Wichtig!

Dem Lindenblütenlikör sollte man einige Monate Zeit zum Reifen geben, ehe man ihn genießt. So schmeckt er umso besser.

Wissenswertes rund um ... ... Linden

Linden (*Tilia*) wachsen in den Wäldern Europas und Vorderasiens und können in Höhen von bis zu 1800 m angetroffen werden. Es heißt, die Linde brauche 300 Jahre, um zu wachsen, 300 Jahre, um zu leben, und 300 Jahre, um zu sterben. Es gibt aber auch Exemplare, die über 1000 Jahre alt sind. Tatsächlich wächst der Baum bis zu einem Alter von 150 Jahren. Seine duftenden gelben Blüten haben, als Tee zubereitet, nicht nur eine beruhigende, sondern auch eine schweißtreibende Wirkung.

APROPOS

In hübschen Likörgläsern serviert, ist der Lindenblütenlikör ein Genuss für Gaumen und Auge.

❧ *91* ❧

Venus-Cocktail
Liebe liegt in der Luft

Angeblich leitet sich das Wort Rum vom englischen *rumbullion*
– Tumult, Aufruhr – her. Jemandem einen Liebestrank auf Rumbasis anzubieten,
ist also riskant, birgt so ein Zaubertrank doch an sich schon manche Gefahr –
man denke nur an den Liebestrank, der Tristan und Isolde ins Verderben stürzte.
Überdies kommt noch Venus ins Spiel, die Göttin der Liebe, und zwar nicht nur der
platonischen … Es könnte also ein leidenschaftlicher, wenn nicht gar hitziger
Abend werden – dies nur als Warnung, damit Ihnen der Himmel nicht auf den
Kopf fällt, denn es liegt Liebe in der Luft …

Zutaten
Für 2 Portionen

Saft von 1 Zitrone
8 cl Rum
2 EL Honig

ZUBEREITUNG: 5 Min.

Abrakadabra …! ❈ Sämtliche Zutaten in einen Shaker geben und gut schütteln. ❈ Den Venus-Cocktail mit Eiswürfeln gekühlt servieren.

Wichtig!
Der Venus-Cocktail eignet
sich hervorragend als Aperitif.

Kleine Hexenfibel

Rum wird gerne in der Küche und zum Backen verwendet, so auch für den französischen *Baba au rhum*, einen mit Rum getränkten Rosinen-Hefe-kuchen.

Grog, ein Heißgetränk aus mit Wasser verdünntem Rum, wurde im Jahr 1731 erfunden und sollte den Alkoholkonsum unter Seeleuten eindämmen, der damals häufig Probleme auf den Schiffen verursachte.

Wissenswertes rund um ... ... Rum

Rum ist ein Branntwein aus Zuckerrohr. Traditionell wird zunächst Zuckerrohrsaft fermentiert und danach destilliert. Bei der industriellen Herstellung verwendet man stattdessen meist Zuckerrohrsirup oder Melasse, die als Nebenprodukte bei der Zuckerherstellung anfallen. Rum wird vor allem in den französischen Übersee-departements und auf Kuba erzeugt, wo er *ron* heißt. Die Spirituose findet in zahlreichen Cocktails Verwendung.

APROPOS

Der Venus-Cocktail sollte langsam genossen werden, damit der Alkohol nicht gleich die Sinne benebelt und man spürt, was in der Luft liegt ...

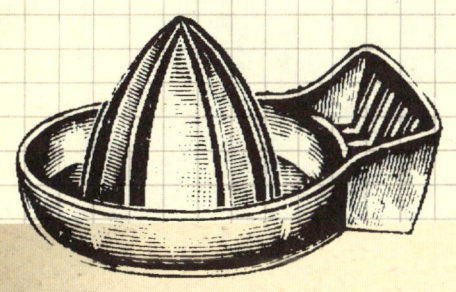

❧ 92 ❧

Angelikapunsch
So kommen Sie in Schwung

Die Chinesische Angelika (*Angelica sinensis*), chinesisch dong quai,
ist eine Verwandte der Engelwurz und wird in China, Korea und Japan seit mehr
als 1000 Jahren als Gewürz verwendet. In neuerer Zeit preist man in Japan
die Heilkraft ihrer japanischen Verwandten, *Angelica acutiloba*. Klinische Studien haben
gezeigt, dass alle Arten der Engelwurz insbesondere für Frauen ein ausgezeichnetes
Tonikum darstellen – ein Detail, das Ihr Gegenüber nicht übersehen wird ...

Zutaten
Für 1,5 Liter

30 g frische Angelikawurzel
1 unbehandelte Zitrone
1 l Wasser
100 g brauner Rohrzucker
4 cl Branntwein

Abrakadabra ...! ✳ Angelikawurzel waschen und fein
schneiden. ✳ Zitronenschale mit einem Zestenreißer
abschälen, ohne die weiße Haut mit zu entfernen.
Zitrone auspressen. ✳ Wasser in einen Topf füllen,
Angelika und Zucker hinzufügen und zum Kochen
bringen. ✳ Deckel auflegen und bei niedriger Hitze
10–15 Min. kochen. ✳ Topf vom Feuer nehmen, Branntwein, Zitronensaft und -schale hinzufügen und den
Punsch heiß servieren.

VORBEREITUNG: 15 Min.
KOCHZEIT: 15 Min.

*Liebe geht
eigene Wege ...*

Wichtig!
Fassen Sie die Angelikawurzel
nur mit Handschuhen an,
denn ihr Saft reizt Haut und
Schleimhäute.

Kleine Hexenfibel

Feurig: Wenn Sie wollen,
können Sie den Alkohol entzünden, nachdem Sie ihn in
den Topf gegeben haben.

Schnell: Dieser Punsch hat
den Vorteil, dass er im Handumdrehen zubereitet ist und
man ihn sofort genießen kann.

Hochprozentig: Stiele, Blätter
und Wurzeln der Angelika
werden zur Herstellung von
Kräuterlikör (z. B. Bénédictine,
Chartreuse) verwendet.

Noch mehr Wissens-
wertes rund um ...
... Engelwurz

Die auch als Engelwurz
bekannte Angelika (*Angelica
archangelica*) mit den langen,
verdickten, braunen Pfahl-
wurzeln und dem gelben
Milchsaft ist für ihre Heilkraft
bekannt. Wurzel und Samen
dieser Pflanze enthalten ein
ätherisches Öl, das verdauungsfördernd, harntreibend und
krampflösend wirkt.

❧ 93 ❧

Veilchensirup
Inspirieren Sie ihn

Veilchen reimt sich auf Weilchen – diesen Gleichklang machten sich Dichter zunutze,
die von der kleinen violetten Blume zu immer neuen Versen inspiriert wurden.
So auch Rainer Maria Rilke (1875–1926), der das Veilchen (*Viola*) in seinem Gedicht
Vom Glück besingt: »Still für sich, / und doch für mich / blüht das kleine Veilchen. /
Bringt mir Freud / im Wintersleid / für ein ganzes Weilchen.«
Freude bereitet das Veilchen in der kalten Jahreszeit als Tee zubereitet,
der gegen Husten und Halsschmerzen hilft.

Zutaten
Für 1 Flasche à 0,75 Liter

200 g frische Veilchenblüten
  (*Viola odorata*)
500 ml kochendes Wasser
500 g Zucker

VORBEREITUNG: 5 Min.
ZIEHZEIT: 24 Std.
KOCHZEIT: 10 Min.

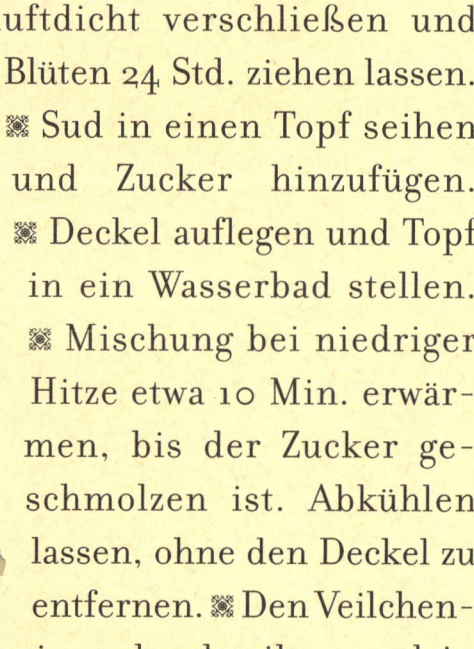

Abrakadabra …! ❈ Blüten vorsichtig unter fließendem kalten Wasser waschen, in ein Einmachglas geben und mit Wasser übergießen. ❈ Einmachglas luftdicht verschließen und Blüten 24 Std. ziehen lassen. ❈ Sud in einen Topf seihen und Zucker hinzufügen. ❈ Deckel auflegen und Topf in ein Wasserbad stellen. ❈ Mischung bei niedriger Hitze etwa 10 Min. erwärmen, bis der Zucker geschmolzen ist. Abkühlen lassen, ohne den Deckel zu entfernen. ❈ Den Veilchensirup durchseihen und in eine Flasche füllen.

*Wichtig!
Die Veilchenblüten
für diesen Sirup sollten
ganz frisch sein und daher
gleich nach dem Pflücken
verarbeitet werden.*

SERVIERVORSCHLAG

Veilchensirup genießt man
am besten nach dem Dessert,
serviert in einer Karaffe als
Digestif. Sollte Ihr Gast über
Kopfschmerzen klagen
– weil Sie ihm denselben
verdreht haben – wird er
diese Köstlichkeit besonders
zu schätzen wissen.

Kleine Hexenfibel

Flüchtig: Damit die Veilchenblüten ihren zarten Duft nicht
verlieren, sollten Einmachglas
und Topf während der Zubereitung fest verschlossen
bleiben.

Wichtig: Der Verzehr von
Veilchenwurzeln kann Übelkeit und Erbrechen verur-
sachen.

Hitzig: Im Gegensatz zum
Sirup hat Veilchentee eine
schweißtreibende Wirkung.

Mehr Wissens-
wertes rund um ...
... Veilchen

Ganz bescheiden blüht das
Veilchen mit seinen fünf
mauvefarbenen Blütenblättern
in Laubwäldern und unter
Hecken und Gebüschen. Der
flüchtige Veilchenduft rührt
von sogenannten Jononen her,
chemischen Verbindungen, die
in den Ölen mancher Pflanzen
enthalten sind und die der
Mensch selbst in geringster
Konzentration noch riechen
kann. Jonone werden in der
Parfümindustrie und bei der
Herstellung von Aromen
eingesetzt.

Katzenpfötchenblüten-Tee

Bringen Sie ihn zum Schnurren

Die Katze ist die ständige Begleiterin der Hexe. Auf Hitze und Kälte reagiert sie empfindlich, liebt hingegen alles Weiche und Glatte und registriert selbst kleinste Erschütterungen. Ob sie einen Schmetterling jagt, mit einem Korken spielt oder ihre Pfote auf den Arm ihres Besitzers legt, stets sucht die neugierige Katze Kontakt zu ihrer Umwelt. Künstler und Schriftsteller schätzen seit jeher ihre Gesellschaft. Und auch Ihr Liebster wird vor Wohlbehagen schnurren, wenn Sie ihm diesen Tee aus Katzenpfötchenblüten servieren.

Zutaten

Für 2 Portionen

2 EL Katzenpfötchenblüten
(Antennaria dioica)

VORBEREITUNG: 1 Min.
ZIEHZEIT: 10 Min.

Abrakadabra …! ❖ Blüten vorsichtig unter fließendem kalten Wasser waschen. ❖ In eine Kanne mit 2 Tassen kochendem Wasser geben. ❖ Blüten 10 Min. ziehen lassen. ❖ Den Katzenpfötchenblüten-Tee durchseihen und heiß servieren.

Wissenswertes rund um ... ... Katzenpfötchen

Das Katzenpfötchen (*Antennaria dioica*) verdankt seinen Namen der Ähnlichkeit mit den Ballen einer Katzenpfote: fünf unter den Vorderpfoten, vier unter den Hinterpfoten, einer, der größer ist als die anderen und an ein Kleeblatt erinnert. Die Pfote der Katze verdient in der Tat Aufmerksamkeit, denn sie verleiht dem Tier nicht nur eine besondere Beweglichkeit – weil die Ballen elastisch und rutschfest sind, was es Katzen ermöglicht, selbst auf nassen Dachrinnen zu balancieren –, sondern auch die Fähigkeit, winzige Erschütterungen wahrzunehmen: Die Ballen, die wie bei allen Zehengängern beim Laufen stets den Boden berühren, sind mit zahlreichen Nervenzellen ausgestattet. Daher registriert der »Spion auf Samtpfoten« sogar das Trippeln einer Maus und nimmt jede ungewöhnliche Bewegung wahr.

Wichtig!
Verwenden Sie nur gelbe Katzenpfötchenblüten – die roten enthalten Bitterstoffe. Erntezeit ist von Mai bis Juli (die wildwachsende Pflanze steht unter Naturschutz).

Kleine Hexenfibel

Katzenpfötchen: Die krautige Pflanze ist bis in 2400 m Höhe anzutreffen, wächst aber auch in Heidelandschaften, Nadelwäldern und Dickichten.

Fühler: Katzenpfötchen bilden Flugschirme aus und tragen – je nachdem, ob es männliche, weibliche oder zwittrige Blüten sind – rote, gelbe oder weiße Blütenborsten.

Diözisch: Zweihäusig oder diözisch nennt man Pflanzen, deren weibliche und männliche Blüten sich auf getrennten Individuen befinden.

Namen: Katzenpfötchen nennt man auch Strohblume, Immortelle, Mottenkrautblume oder Fuhrmannsröschen.

SERVIERVORSCHLAG

Servieren Sie den Tee nach dem Abendessen, lauschen Sie dazu Rossinis berühmtem *Katzenduett* und genießen Sie den Moment der Ruhe und des Wohlbehagens.

❦ 95 ❧

Portwein »Eros«

Ganz ohne Worte

In der griechischen Mythologie ist Eros der Gott der Liebe. Platon aber
unterschied zwischen irdischem Eros, der die Menschen zu Leichtsinn und
Zügellosigkeit verleitet, und himmlischem Eros, der den Übergang von der
materiellen in die geistig-seelische Welt ermöglicht. Heutzutage assoziiert man
mit dem Wort »erotisch« eine sinnliche Ausstrahlung, die das Geistig-Seelische durchaus
einschließt, eine Sprache, die wie dieser Portwein ganz ohne Worte auskommt …

Zutaten

Für 2 Portionen

16 cl roter Portwein
4 cl Orangenlikör (Seite 196)
geriebene Muskatnuss nach
 Geschmack

VORBEREITUNG: 2 Min.
KOCHZEIT: 5 Min.

Abrakadabra …! ❋ In einem Topf Portwein und
Orangenlikör etwa 5 Min. erhitzen. ❋ Topf vom Feuer
nehmen, ehe die Mischung zu kochen beginnt. ❋
Den Portwein einige Min. abkühlen lassen und servieren.

*Gibt es hier irgendwo
Männer …?*

218

Kleine Hexenfibel

Porto: In der portugiesischen Stadt gibt es Dutzende Weinkeller, in denen man Portwein degustieren kann. Eine Std. entfernt führt die »Straße des Portweins« durch das Dourotal, vorbei an Weinbergen, die sich auf 250 000 ha erstrecken, und hinein in das Herz der Portweinerzeugung.

Reifung: Portwein reift mind. 3 Jahre in Eichenfässern, länger als jeder andere Wein.

Gärung: Die Gärungsunterbrechung wurde im 17. Jahrhundert von englischen Kaufleuten entdeckt. Dabei wird die Gärung des Mostes durch den Zusatz hochprozentigen Weindestillats gestoppt.

Fünfzehn: Portwein wird aus 15 Weinen unterschiedlicher Qualität und verschiedenen Alters gekeltert.

Wissenswertes rund um ... ... Portwein

Porto ist die zweitgrößte Stadt Portugals. Nördlich von Lissabon am Atlantik gelegen, ist die Stadt ein bedeutendes Handelszentrum. Seit langem beziehen vor allem die Briten von hier den schweren, süßen Portwein. In Portugal sagt man: »Lissabon amüsiert sich, Coimbra singt, Braga betet und Porto arbeitet.« Die historische Altstadt wurde 1996 in die Weltkulturerbe-Liste der UNESCO aufgenommen. Auf den Brücken über den Douro, unter ihnen die 1877 von Gustave Eiffel errichtete Maria-Pia-Brücke, herrscht reges Treiben. Jedes Jahr am 23. und 24. Juni feiert man in Porto das große Sankt-Johannis-Fest (São João).

Wichtig!
Bestreuen Sie den Wein vor dem Servieren mit geriebener Muskatnuss.

SERVIERVORSCHLAG

Garnieren Sie das Glas mit einer Zitronenscheibe, genießen Sie den Wein in aller Ruhe und hören Sie dabei Fado, den melancholischen, von der *saudade* – dem Weltschmerz der Portugiesen – geprägten Gesang.

❧ 96 ❧

Kirschbowle
Bereiten Sie ihm sinnliche Freuden

Nicht nur den Verzehr des Apfels, auch den Genuss der Kirsche (*Cerasus*)
lehnten die Kleriker des Mittelalters ab, da sie fürchteten, die sinnliche
Freude gefährde das Seelenheil der Gläubigen. Vielleicht liegt es an dieser »Verteufelung«,
dass Dichter so selten Kirschen besingen, wie Anna Louisa Karsch (1722–1791) in ihrem
Lob der schwarzen Kirschen beklagt: »Ich trink und rufe dreimal Hoch! / Ihr Dichter singt
im Ernst und Scherze / Zu oft die Rose, singet doch / Einmal der Kirschen Schwärze!«

Zutaten
Für 3 Flaschen à 1 Liter

125 g Kirschblätter
1 l Rotwein
1 l Weißwein
400 g Zucker
8 cl Branntwein
1 Vanilleschote
1 Prise Zimt

VORBEREITUNG: 15 Min.
ZIEHZEIT: 2 Monate

Abrakadabra …! ❈ Kirschblätter waschen und auf
Küchenpapier abtropfen lassen. ❈ Sämtliche Zutaten in
eine Schüssel geben und mind. 2 Monate ziehen lassen,
dabei alle 3 Tage umrühren. ❈ Die Kirschbowle durchseihen und in Flaschen füllen.

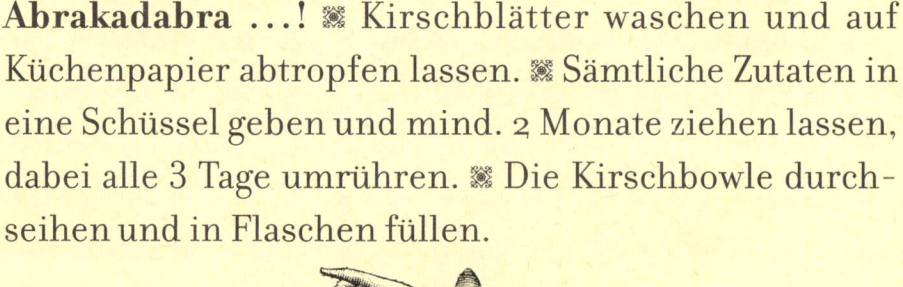

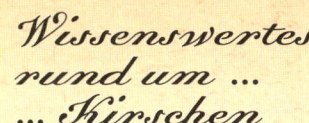

Kleine Hexenfibel

Blätter: Pflücken Sie die Blätter, bevor die Kirschen reif sind.

Pestizide: Wurde der Kirschbaum mit Insektiziden besprüht, dürfen die Blätter nicht verwendet werden!

Barbarazweig: Ein Kirschzweig, der am 4. Dezember – dem Namenstag der heiligen Barbara – in eine Vase gestellt wird, blüht an Weihnachten und soll ein segensreiches, fruchtbares neues Jahr verheißen.

Wissenswertes rund um ...
... Kirschen

Seit der frühesten Antike wird der Kirschbaum wegen seiner Früchte und der Schönheit seiner Blüten kultiviert. In China gibt es 23 verschiedene Arten, in Japan 13, in Amerika 8 und in Europa 5. Auf den 12 cm langen Blättern des Baumes befinden sich 2–3 sogenannte Saft- oder Honigdrüsen, die eine süße Flüssigkeit absondern. Von dieser werden Ameisen angelockt, die den Schädlingen auf dem Kirschbaum den Garaus machen.

APROPOS

Für gewöhnlich singt man bei Tisch zwar nicht, doch kann die Kirschbowle einen schon übermütig werden lassen. Passend dazu heißt es in dem berühmten Chanson *Le Temps des Cerises* (Die Zeit der Kirschen) von Jean-Baptiste Clément: »Die Schönen haben manche Torheit im Sinn / und die Verliebten Sonne im Herzen!«

Wichtig!
Wie jeder gute Wein schmeckt auch die Kirschbowle umso besser, je älter sie ist.

❧ 97 ❧

Margeritentrunk
Liebt er Sie von Herzen?

»Marguerite« hießen in Frankreich einst viele Hexen. Die Margerite war Bestandteil der Johanniskräuter, die von Zauberinnen ausgewählt wurden, weil sie magische Kräfte entwickelten, wenn man sie trocknete und zerstampfte. Mit Zitronensaft vermischte, pulverisierte Margeriten beispielsweise galten als Aphrodisiakum. Wie beim Gänseblümchen kann auch bei der Margerite das Abzupfen der Blütenblätter als Orakel dienen: »Er liebt mich – von Herzen – mit Schmerzen – ein wenig – gar nicht …«

Zutaten
Für 5 Flaschen à 0,75 Liter

4 Krüge (à 1 l) Margeriten-
    blüten
4 l kochendes Wasser
abgeriebene Schale von
    2 unbehandelten Orangen
3 EL Rosinen
3 Stückchen Süßholzwurzel
1,5 kg Honig
2 EL Bierhefeflocken

VORBEREITUNG: 25 Min.
KOCHZEIT: 25 Min.
ZIEHZEIT: 10 Tage

Abrakadabra …! ❈ Margeritenblüten waschen und in einen Topf geben, mit Wasser übergießen, abkühlen lassen und zudecken. ❈ 3 Tage ziehen lassen, dabei jeweils morgens und abends umrühren. ❈ Blüten durchseihen und gut ausdrücken. ❈ Den aufgefangenen Saft mit Orangenschale, Rosinen und Süßholz in den gesäuberten Topf geben und zum Kochen bringen. ❈ 15 Min. kochen lassen, dann die Wärmezufuhr reduzieren. ❈ Honig in einer Kasserolle bei niedriger Hitze 10 Min. verflüssigen. In den Topf füllen, unterrühren und leicht abkühlen lassen. ❈ Bierhefe in etwas von diesem Saft auflösen und in den lauwarmen Trunk rühren. ❈ Topf zudecken und Trunk 1 Woche ziehen lassen. ❈ Den Margeritentrunk durchseihen, in Flaschen füllen und diese gut verschließen.

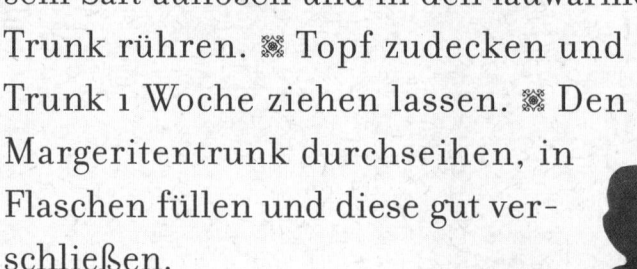

Wissenswertes rund um ...
... Margeriten

Die Margerite (*Leucanthemum vulgare*) ist eine außerordentlich symbolträchtige Pflanze. Im Mittelalter zeigten Margeriten am Schild eines Ritters an, dass ihn seine Herzensdame erwählt hatte. Wenn sich umgekehrt die Angebetete einen Kranz aus Margeriten aufsetzte, bedeutete dies, dass sie ihren Minneritter noch nicht erhört hatte.

APROPOS

Zwar kann man den Margeritentrunk auch sofort genießen, doch schmeckt er noch besser, wenn er einige Monate geruht hat.

Kleine Hexenfibel

Süßholz: Am besten schneiden Sie die Süßholzwurzel in dünne Scheiben.

Hammer: Sie können die Süßholzwurzel auch mit einem Hammer zerkleinern. Der 1487 erschienene *Hexenhammer*, lateinisch *Malleus Maleficarum*, von Heinrich Institoris und Jakob Sprenger war quasi die Bibel der Hexenverfolger. Die darin enthaltenen Texte sind äußerst frauenfeindlich.

Prickelnd: Nach der zweiten Mazeration entstehen Bläschen in der Bowle.

Margerite: Heben Sie einige Blüten für die Tischdekoration auf – und um sie als Orakel zu befragen.

Wichtig!
Die Mazeration erfolgt in zwei Schritten. Während der ersten Phase, die 3 Tage dauert, muss die Flüssigkeit morgens und abends umgerührt werden.

❧ 98 ❧

Myrtenwein
Schenken Sie ihm reinen Wein ein

Die Myrte (*Myrtus communis*) war der römischen Göttin Venus geweiht,
die – als Göttin der Schönheit und sinnlichen Liebe – zahlreiche Liebschaften
mit Sterblichen und Göttern hatte. Myrtenwein bietet man also keinem
platonischen Verehrer an, denn dieses Getränk bringt die Leidenschaft zum Kochen …

Zutaten
Für 3 Flaschen à 0,75 Liter

40 g Myrtenbeeren
75 cl Obstbrand
1 l Rotwein (aus dem Anjou)

Abrakadabra …! ❈ Myrtenbeeren waschen, in den Obstbrand geben und 1 Monat ziehen lassen. ❈ Obstbrand durchseihen und für einen Likör aufheben (Kleine Hexenfibel). Beeren in den Wein geben und diesen in Flaschen füllen.

VORBEREITUNG: 5 Min.
ZIEHZEIT: 1 Monat

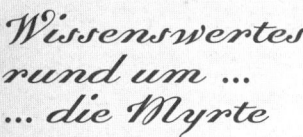

SERVIERVORSCHLAG

❖

Myrtenwein kann als Aperitif anstelle einer Vorspeise serviert werden, als Tischwein zu Wild oder als Begleitgetränk zu einem Dessert.

Wissenswertes rund um ... ... die Myrte

Die Myrte (*Myrtus communis*) ist ein stark duftender, in den Macchien des Mittelmeerraumes beheimateter Strauch, der bis zu 4,5 m hoch werden kann. Sowohl die dunkelgrünen Blätter als auch die weißen Blüten, die im Frühling erscheinen, sowie die rund 1 cm großen Beeren verströmen einen intensiven Duft. Vor allem in Sardinien werden die blauschwarzen Beeren gerne zur Herstellung von Likör verwendet. In Sizilien, Korsika und Sardinien setzt man sie zudem zum Aromatisieren von Wild ein oder verarbeitet sie zu Marmelade. Der Geschmack der Blätter ähnelt dem von Wacholder und Rosmarin. Überdies schätzt man die Myrte wegen ihres ätherischen Öls, das insbesondere in Tunesien erzeugt wird.

Kleine Hexenfibel

Likör: Um aus Myrten Likör herstellen, einfach den durchgeseihten Obstbrand mit Sirup (aus 100 g Zucker und 150 ml Wasser) vermengen, 15 Min. in einem Topf erhitzen und 5 Sek. flambieren.

Gewürz: Auch zum Verfeinern von Saucen und zum Aromatisieren von Füllungen sind Myrtenbeeren geeignet.

Pfeffer: Weil Pfeffer im antiken Rom außerordentlich teuer war, dienten getrocknete und zerstoßene Myrtenbeeren als Ersatz.

Wichtig!
Verwenden Sie zum
Einlegen der Beeren
einen guten Obstbrand.

❧ 99 ❧

Gänseblümchentrunk

Geben Sie ihm seine kindliche Unschuld zurück

Weiß und gelb mit einem Hauch Rosa – das Gänseblümchen (*Bellis perennis*), die kleine Schwester der Margerite, ist außerordentlich beliebt, denn es symbolisiert den Frühling. Unmittelbar nach Primel und Veilchen reckt es das Köpfchen aus dem Grün der Wiesen, wo Kinder es beim Ostereiersuchen entdecken. Ein Sinnbild der Unschuld ist das zauberhafte Blümchen, doch darf darunter nicht die Naivität eines kleinen Gänschens verstanden werden, sondern vielmehr die kindliche Unschuld kleiner Naschkatzen, die an Schokoladenostereiern knabbern. Dieser Gänseblümchentrunk wird, zu einem Schokoladendessert serviert, auch Ihren Geliebten in ein unschuldiges Kind verwandeln …

Zutaten

Für 3 Flaschen à 0,75 Liter

500 g Gänseblümchenblüten
3 l kochendes Wasser
abgeriebene Schale von
    1 unbehandelten Orange
abgeriebene Schale von
    1 unbehandelten Zitrone
1,5 kg Zucker
1 Stück Ingwer
5 g Bierhefe

VORBEREITUNG: 30 Min.
KOCHZEIT: 15 Min.
ZIEHZEIT: einige Monate

Abrakadabra …! ❊ Blüten unter fließendem kalten Wasser waschen. In ein Steingutgefäß geben und mit kochendem Wasser übergießen. ❊ Das Gefäß abdecken und die Flüssigkeit 3 Tage ziehen lassen. ❊ Durch ein feines Tuch seihen und das Gefäß säubern. ❊ Den aufgefangenen Saft mit Orangen- und Zitronenschale, Zucker und dem in Streifen geschnittenen Ingwer in einem Topf aufkochen und bei niedriger Hitze 15 Min. köcheln lassen. ❊ Flüssigkeit in das Gefäß zurückgießen. ❊ Bierhefe in etwas von der lauwarmen (35 °C) Flüssigkeit auflösen und hinzufügen. ❊ Bei 20 °C zugedeckt 6 Tage ruhen lassen. ❊ Den Gänseblümchentrunk durchseihen, in Flaschen füllen und einige Monate ruhen lassen.

Mehr Wissenswertes rund um ... ... Gänseblümchen

Die Blüte des etwa 15 cm hohen Gänseblümchens (*Bellis perennis*) besteht aus einem hochgewölbten Körbchen, um das in dichtem Kranz schmale Hüllblätter mit rosa Spitzen angeordnet sind. Der Korbblütler ist vorwiegend auf Wiesen, in Parks und Gärten anzutreffen und entfaltet an Ostern seine Blüte. Viele Dichter wurden vom Gänseblümchen inspiriert, so Victor Hugo, dessen Beschreibung einer Gänseblümchenwiese den Zauber der Blume widerspiegelt: »Es regnet Schmetterlinge.«

Wichtig!
Der Wein muss 3 Tage ziehen und danach 6 Tage ruhen, ehe man ihn durchseiht. Sodann sollte er einige Monate ruhen, um sein Bouquet zu entfalten.

Kleine Hexenfibel

Menge: Verwenden Sie zum Abmessen der Blüten einen Krug mit 1 l Fassungsvermögen. Für dieses Rezept benötigen Sie 3 Krüge voll.

Roggenbrot: Ist der Wein auf 35 °C abgekühlt, legt man eine mit Bierhefe bestrichene Scheibe Roggenbrot darauf.

Steingut: Ein Steingutgefäß sollte in keinem Haushalt fehlen.

SERVIERVORSCHLAG

Servieren Sie den Trunk gut gekühlt als Aperitif oder zum Dessert, etwa zu einem mit Gänseblümchen garnierten Fondant. Die Blüten schmecken auch roh – allenfalls mit Zucker bestreut – wunderbar, besonders die Blättchen im Inneren der Rosette.

❦ *100* ❧

Löwenzahnbowle
So fühlt er sich wie ein König

Die volkstümlichen Namen, die der Löwenzahn (*Taraxacum officinale*) in
verschiedenen Regionen trägt, sind kaum zu zählen. Viele von ihnen spielen auf
die harntreibende Wirkung der Pflanze an: Seichkraut (Bayern), Kuhblume (Norddeutschland),
Bettnässer (Rheinland-Pfalz), Milchbusch (Thüringen), Eierpetsch (Eifel), Hundsblume,
Pusteblume … Schon aufgrund dieser teils derben Namen ist Löwenzahnbowle
ganz nach dem Geschmack der Männer. Zwar dürfte es dem starken Geschlecht
wenig gefallen, mit einer Kuh oder einem Hund in Verbindung gebracht zu werden,
doch mit einem Löwen, dem König der Tiere und Sinnbild von Kraft und Macht, allemal.
Tun Sie ihm also den Gefallen!

Zutaten
Für 2 Flaschen à 0,75 Liter

1 kg Löwenzahnblüten
1 unbehandelte Zitrone
2 unbehandelte Orangen
500 g Zucker

VORBEREITUNG: 10 Min.
KOCHZEIT: 10 Min.
ZIEHZEIT: 3 Monate

Abrakadabra …! ❈ Blüten unter fließendem kalten
Wasser waschen. Zitrusfrüchte heiß abwaschen. ❈
Blüten in 1,5 l Wasser 10 Min. kochen, dann 24 Std.
ziehen lassen. ❈ Flüssigkeit durchseihen, Zucker und
die ungeschälten, kleingeschnittenen Zitrusfrüchte
hinzufügen. ❈ Die Löwenzahnbowle 3 Monate ziehen
lassen und dabei täglich umrühren.

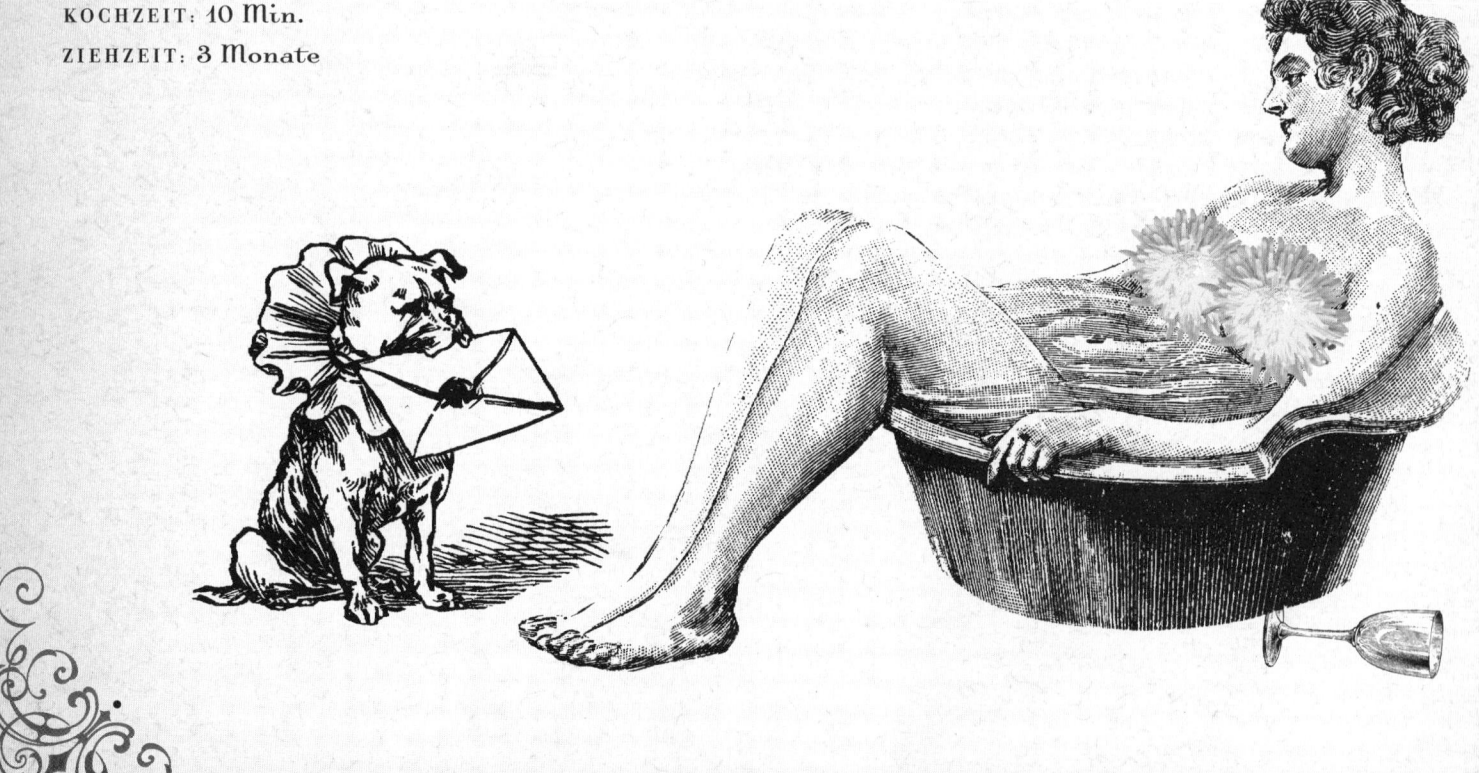

Kleine Hexenfibel

Geschmack: Die Löwenzahn-bowle ist ein vergorenes Getränk, das im Geschmack an Bier erinnert.

Kaffee: Geröstete Löwenzahn-wurzeln eignen sich hervor-ragend als Kaffee-Ersatz.

Kur: Haben Sie zu viel gegessen, hilft eine Löwenzahnkur.

Stängel: Die bis zu 30 cm langen, hohlen Röhren sondern bei Verletzungen einen milchigen Saft ab.

Wichtig!
Die Löwenzahnbowle sollte mind. 3 Monate ziehen, bevor Sie sie genießen.

Wissenswertes rund um ...
... Orangen

In der griechischen Mythologie ist vom Garten der Hesperiden die Rede, in dem drei Nymphen, unterstützt von dem hundertköpfigen Drachen Ladon, die Früchte Heras bewachen, der Gemahlin und Schwester des Zeus. Eine Frucht aus diesem Garten, der goldene Apfel, soll eigentlich eine Orange gewesen sein. Orangen (*Citrus sinensis*), die zu der gleichen Gattung zählen wie Limetten (*Citrus auranti-folia*) und Zitronen (*Citrus limon*), bestehen aus 10 bis 13 Segmenten. Ihr Anbau spielt heutzutage in Brasilien und den USA, Rumänien, Südafrika, China und Austra-lien sowie in den Mittelmeer-ländern eine wichtige Rolle.

SERVIERVORSCHLAG

Servieren Sie die Löwenzahn-bowle als Aperitif oder Cocktail, und schmücken Sie die Gläser mit Zitronenscheiben.

Rezepte nach Gruppen

Rezepte alphabetisch

Danksagung
Ich danke Fabienne Kriegel, der Verlagsleiterin der Éditions du Chêne, von ganzem
Herzen dafür, dass sie mir dieses Zauberbuch vorgeschlagen und mir ihr bezauberndes
Team an die Seite gestellt hat – allen voran Émilie, meine kleine Hexe mit den
Feenfingern, sowie Valérie Toguali, Nathalie Lefebvre, Sabine Houplain,
Dune Lunel und Isabelle Macé. Die Arbeit mit euch war einfach zauberhaft!

Zu Tisch !!!!

Bibliografische Information der Deutschen Nationalbibliothek
Die Deutsche Nationalbibliothek verzeichnet diese Publikation
in der Deutschen Nationalbibliografie; detaillierte bibliografische
Daten sind im Internet über *http://dnb.d-nb.de* abrufbar.

Die Originalausgabe erschien 2007 unter dem Titel
Mes secrets de sorcière – Le Grimoire Enchanté de Brigitte Bulard-Cordeau
bei Les Éditions du Chêne – Hachette Livre, Paris

Texte und Rezepte: Brigitte Bulard-Cordeau
Layout: Émilie Bulard
Copyright © 2007 Éditions du Chêne – Hachette Livre

Deutsche Ausgabe Copyright © 2008 Gerstenberg Verlag, Hildesheim
Alle Rechte vorbehalten.
Satz: typocepta, Köln
Printed in China

www.gerstenberg-verlag.de

ISBN 978-3-8369-2986-8